집안도 인생도
가볍고 산뜻하게

나카타 료코 지음 | 박승희 옮김

즐거운상상

단 1초 만에 수납할 수 있을 정도로 각 물건의 자리가 정해져 있어 정리하기 쉬운 상태를 말합니다. 문이나 서랍을 열었을 때, 1초 만에 어디에 무엇이 있는지를 알 수 있는 수납이지요. 정리를 잘하는 사람의 수납 방식은 자연스럽게 '1초 수납'으로 이어지고, 반대로 정리가 서툰 사람의 수납 방식은 '1초 수납'과 거리가 먼 경우가 대부분입니다.

Prologue

정리 곰손에서 벗어날 수 있는 '1초 수납'

"정리는 해도 잘 안되고, 하기도 싫어. 할 마음이 안 생기니 오늘도 패스……."

오랜 세월 이런 고민을 했던 사람이 "정리는 즐거워! 하고 나면 마음까지 개운해지니 조금 피곤하지만 정리하자. 정리는 내게 소소한 취미."

이렇게 바뀐다면 어떨까요?

어릴 때부터 정리 문제로 오랫동안 고민해 온 사람. 자기 스타일대로 이것저것 해봤지만 금방 정리 이전 상태로 되돌아가버리는 사람. 정리 관련 책을 수없이 읽었지만 정작 실제 정리할 때는 도움을 받지 못한 사람……. 이런저런 이유로 정리에 서툴러 힘들어하는 분들이 정말 많습니다.

안타까운 말이지만, 정리에 대한 지식이 머리에 가득 차 있어도 생각대로 정리가 잘 되지 않습니다. 정리에 대한 두려움이나 싫다는 생각을 버리고 '즐겁고 편하게' 정리하고 행동하는 것이 중요합니다.

마음을 편하게 먹으면 정리에 대한 고민과 괴로움이 줄어들고, 예상보다 몇 배나 밝은 미래가 당신을 기다리고 있습니다.

저는 '1초 수납'이라는 정리 학원을 운영하면서 정리 문제로 고민하는 수백 명을 옆에서 돕고 있습니다.

"정리 선생님이니, 옛날부터 정리를 잘했겠지요?"라는 질문을 자주 받는데, 사실은 정반대입니다. 저는 40년간 지독하게 정리를 못하는 '정리 곰손'이었습니다.

철들 무렵부터 어머니에게 "정리 좀 해!"라고 야단맞기

일쑤였습니다. 하지만 어릴적부터 정리에 전혀 흥미가 없었던 저는 어머니에게 혼날까 봐 마지못해 치우는 수준이었습니다.

말이 정리정돈이지, 거실에 늘어놓았던 물건을 어머니가 모아서 건네주면 그대로 제 방 책상 위에 던져 놓는 게 다였습니다.

학교 졸업 후 취업을 했지만 정리가 서툴렀던 탓에 '신입사원 책상 위가 지저분하다'는 말을 듣기도 했습니다. 눈치 보이고 창피했지만, 정리정돈을 잘 할 수 없었습니다.

정리정돈을 못 했기 때문에(물론 그것만이 이유는 아니었지만), 정리에 대한 가치관 차이로 부부 사이가 삐걱대다가 그만 이혼하고 말았습니다. 그런데도 정리가 잘 안됐습니다.

제가 정신을 차리게 된 계기는 외동딸 때문이었습니다. 딸이 초등학생이 되고 첫 개인 면담에서 담임 선생님에게 아이의 정리 상태가 심각하다는 주의를 받았습니다. 큰 충격이었죠. 담임 선생님이 증거로 보여 준 도구함 안에는 접다 만 색종이, 지난 프린트물, 쓰레기 따위가 가득 들어 있었습니다.

"아! 내가 치우는 방식과 똑같구나."

그때 딸을 바꿔야겠다는 생각보다는 '내가 정말로 변해야겠다!'는 생각을 하게 되었습니다.

과거의 저처럼 '정리 못하는 DNA'를 자녀에게까지 대물림할까봐 고민하는 분도 많으실 겁니다. 부디 여러분 대에서 '정리 곰손'의 사슬을 끊기 바랍니다.

제가 전해드리는 정리 방법이나 사고방식, 행동은 정리를 잘 못하는 정리 곰손도, 이를 극복하려고 수많은 노력과 좌절을 반복해 온 사람도 모두 쉽게 따라 할 수 있는 방법입니다.

각 장의 마지막에 수강생 5인의 성장 스토리를 만화로 담았습니다. 오랜 시간 정리에 대해 고민하고 어려움을 극복한 그들의 모습은 대단히 감동적이라 분명 여러분에게 용기를 줄 것입니다. 다섯 분 외에도 수백 명에 달하는 분들이 똑같이 정리로 힘들었던 상황을 극복하고 있습니다.

정리 방법과 매뉴얼, 노하우를 줄줄 외고 있고, 정리에 대한 책이나 기사를 읽으면 다 아는 내용인데도, 어찌된 영문인지 집은 치워도 치워도 다시 이전 상태로 돌아가는 까닭에 '나는 왜 안 되는 것일까?' 고민하는 사람….

바로 과거의 저 같은 사람을 구제하고 돕고 싶은 마음에 이 책을 쓰기로 결심했습니다.

정리에 대해 이것저것 고민하지 않고 거침없이 행동할 수 있다면 당신이 진심으로 바라는 쾌적한 생활, 기분 좋은 인간관계, 하고 싶었던 취미와 일을 모두 해낼 수 있습니다.

그렇습니다. 과장이 아니라 정리에는 '당신의 인생을 바꾸는 힘'이 있습니다. 정돈된 집에서 살고 싶다는 꿈을 꿈으로만 간직하지 말고 꼭 이루어보세요. 정리 문제로 다투지 않고 가족과 더 많은 시간을 웃을 수 있습니다.

꽃을 장식하거나 여유롭게 차를 마시며 취미를 즐기는 생활을 꿈이 아닌 현실로 만들 수 있습니다. 당신의 꿈을 현생에서 이루기 위한 효과적인 수단이 바로 '정리'입니다.

'정리에 그렇게까지 효과가 있다니 믿을 수 없어.'

그렇게 생각할 수도 있습니다. 하지만 실제로 수백 명의 삶이 달라졌습니다. 저는 이런 경험을 통해 '1초 수납'이라는 방법에 자신을 갖게 되었습니다.

하루라도 빨리 정리를 당신의 것으로 만드세요.

지금까지 당신은 분명 '정리의 노예'였을 테지요.

이제부터는 '당신이 정리를 통제하는 사람'이 되는 것입니다.

그것이 이 책의 목적입니다.

이 책이 당신의 삶과 인생을 더욱 풍요롭게 만드는 데 도움이 되기를 바랍니다.

나카타 료코

BEFORE

정리 곰손 시절의 료코 선생님

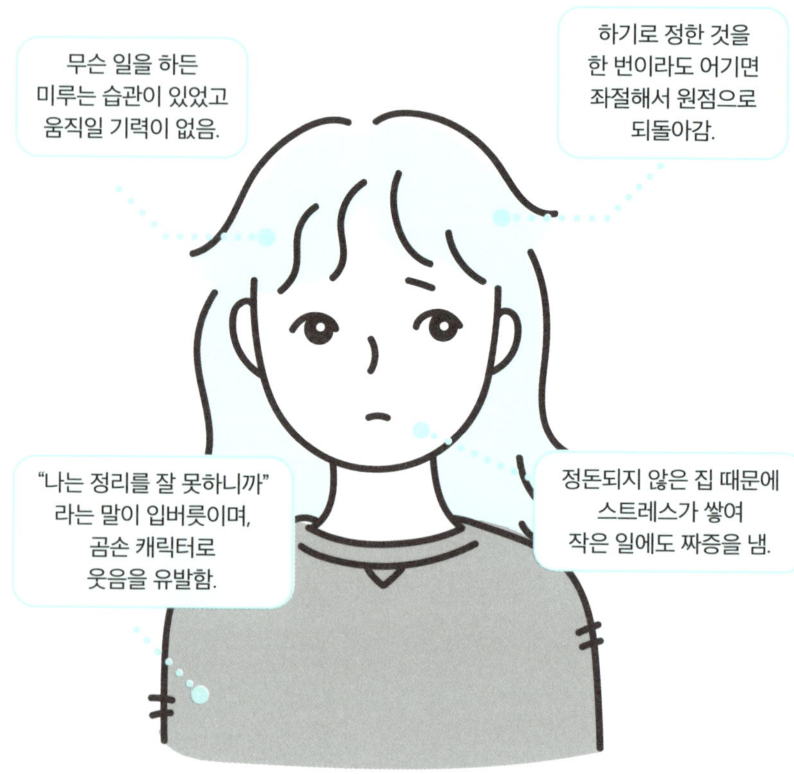

AFTER

정리의 달인이 된 현재의 료코 선생님

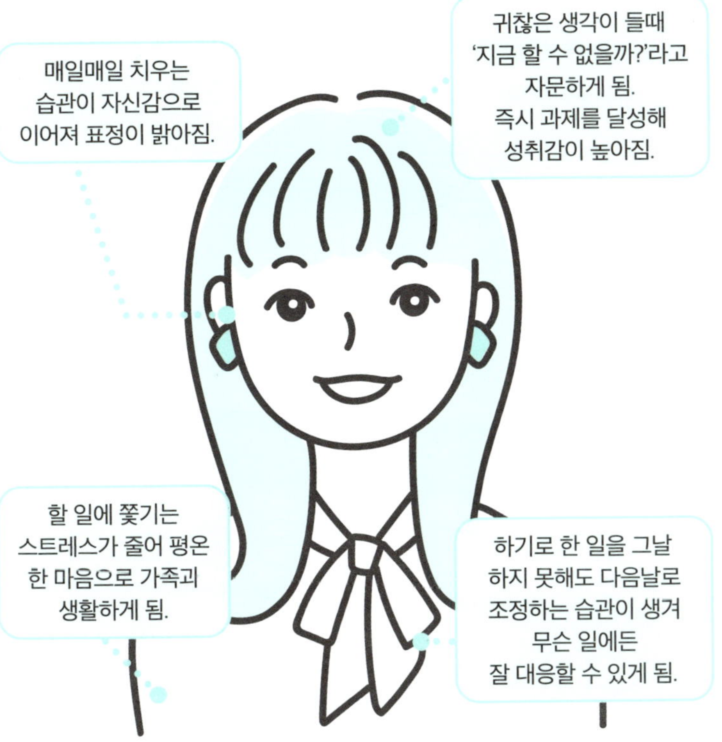

BEFORE

정리 곰손 시절의 료코 선생님 주방

AFTER

정리의 달인이 된 현재의 료코 선생님 주방

차례

제2장

정리에 서툰 사람들
정리 곰손의 행동 패턴

제3장

정리를 습관으로 만드는 성공 요령

제4장

인생이 술술 풀리는 정리의 마법

제5장

요요를 부르지 않는 정리법

제1장

정리 달인 VS 정리 곰손의 사고 습관

1초 수납 방식

정리는 내 삶을 편하게 만드는 도구

'1초 수납 강좌'를 개설한 후 지금까지 정리 문제로 힘들어하는 수백 명의 수강생에게 도움을 주었습니다. 하지만 제가 옛날부터 정리를 잘했던 것은 아닙니다.

무엇을 숨기겠어요. 과거에는 저도 정리에 전혀 소질이 없는 정리 곰손이었습니다. 집 정리를 미루는 습관이 뿌리 깊이 박혀 있었고, 그것이 일이나 인생에도 큰 영향을 미쳤습니다.

다소 격한 표현이지만, 한때는 제가 '칠칠치 못한 인간'이라는 사실을 모르며 살았습니다. 시간을 못 지키고, 돈 관리에 서툴고, 인간관계도 매끄럽지 못했지만 '다들 그렇지 않아?'라며 그저 저에게 유리한 쪽으로 생각해버렸습니다.

하지만 '정리'를 통해 칠칠치 못한 저와 헤어질 수 있었습니다. 지금은 시간도 잘 지키고, 돈 관리도 열심히 하고, 인간관계에 대한 고민도 줄었습니다. 정리 공부를 깊이 있게 하면서

깨달은 점은 **'내가 얼마나 타인과 환경에 휘둘리고 있었던가'하는 것이었습니다.**

그 깨달음을 얻은 후 사는 게 매우 편해졌습니다. 이제는 정리가 나의 삶을 편하게 만드는 최강의 도구라는 생각까지 듭니다.

정리가 서툴다는 이유로 당신은 혹시 '이런 것도 못하다니, 나는 틀렸어'라며 스스로 자책하고 있지는 않나요? 그것은 자신에게 상처를 주는 것과 같습니다.

내 삶의 가장 오랜 친구는 자기 자신입니다. '자신과 친하게 지내는 법'을 아는 것이 매우 중요합니다. 정리를 못해서 칠칠치 못한 것일까, 칠칠치 못해서 정리를 못하는 것일까. 혼자 고민해봐야 해결되지 않습니다. 특히 자신의 편견이나 사고의 습관을 스스로 깨닫기는 매우 어렵습니다.

정리 곰손 캐릭터는 이제 버리는 게 어때요?

과거에 저는 집에 놀러 온 사람들이 정리 안 된 방을 보고 '어머나'하고 놀랄까봐 매우 불안해했습니다. 그래서 사람들이 그 생각을 떠올리기 전에 자진해서 "정리가 엉망이지. 어질러져 있어서 미안해"라는 말을 입버릇처럼 내뱉곤 했습니다.

하지만 어질러져 있어도 신경쓰지 않는 사람이라면 굳이 자기 입으로 그런 말을 하지는 않았겠지요. **제 마음속 어딘가에 '지저분하다고 생각하면 어쩌지?', '괜찮은 사람이라고 생각했다가 상대방이 실망하면 충격인데'라는 생각이 있으니 마음에 방어막을 쳐 스스로를 지켰던 것 같아요.**

또한 정리에 서툰 엄마들과 이야기할 때면 자신들의 집이 얼마나 정리되지 않고 어질러져 있는지를 마치 자랑하

듯 얘기하곤 했습니다. "아이를 키우다 보면 정리 같은 건 엄두도 못 내죠."라며 서로를 다독이기도 했습니다.

지금이야 그래봤자 집이 정리될 리 없다는 것을 잘 알지만, 당시에는 정리하고 싶어도 무엇을 어떻게 하면 좋을지 모르는 상태였기 때문에 서로의 아픈 곳을 위로하는 것으로 마음의 안정을 얻었던 듯합니다.

정말 본격적으로 정리를 하게 되는 타이밍은 사람마다 다릅니다. 너무 늦은 때란 없습니다. 열심히 하자는 생각이 들 때가 바로 그 타이밍입니다. 과거의 저처럼 '정리 곰손' 캐릭터를 연기한다면 그 순간에는 자신을 지킬 수 있습니다. 하지만 당신은 정말 괜찮은가요?

'사실은 그렇지 않은데'라며 자신에게 상처를 주고 있다면 하루라도 빨리 정리 곰손 캐릭터에서 벗어나세요. 그래야 즐겁고 자유롭고 풍요롭게 살 수 있습니다.

청소와 정리의 차이를 아시나요?

"오랜만에 세탁기 밑을 들여다봤더니 더럽더라고요. 청소를 하고 싶은데, 좋은 청소 방법이 있을까요?"

수강생으로부터 이런 질문을 받은 적이 있습니다. "알고 있어!"라고 대답할 사람도 많겠지만, 저는 "세탁기 아래를 청소하는 건 1년에 한두 번 대청소 때만 해도 괜찮아요. 그 대신 가족이 매일 시간을 보내는 거실을 정리하는 데 시간을 쓰세요"라고 대답했습니다.

핵심은 '청소'와 '정리'의 차이입니다. **정리에 서툰 사람은 그 순간의 '기분'이나 '감정'에 휩쓸리기 쉽다는 특징이 있습니다.** 더럽다고 느끼면 청소에만 집중하기 쉽지요. 그렇게 되면 정리는 계속 제자리걸음이 됩니다. 그러므로 반드시 '집안일', '정리', '청소'의 차이를 구별해야 합니다.

- 정리 … 무질서하게 흩어져 있는 것을 원래 자리에 갖다 놓기, 버리기 등으로 정돈하는 것.
- 청소 … 쓸고 닦고 털어 '더러움'을 제거하고 깨끗이 하는 것.

선 정리, 후 청소를 기억하세요

당신은 '정리'와 '청소' 중 어떤 것을 먼저 해야 한다고 생각하나요? 정답은 **물건을 원래 자리에 갖다 놓는 '정리'가 먼저이고 더러움을 없애는 '청소'는 그 후입니다.** 정리하기 전에 청소를 먼저 하거나 청소와 정리를 동시에 하려고 하면 정리 작업이 제대로 진행되지 않습니다. 과거에 정리 곰손이었던 터라 저는 정리를 잘 못하는 사람들이 빠지기 쉬운 생각이나 경향, 행동을 속속들이 잘 알고 있습니다.

청소와 정리를 구별하지 못했던 당신도 이제 물건을 원래 자리로 돌려놓거나 버리는 것이 '정리'이고 더러움을 없애는 것이 '청소'라는 것을 아시겠죠?

정리와 청소의 경계가 애매하면 자신이 지금 무엇을 하고 있는지 잘 모르게 됩니다. 먼저 그 차이를 확실하게 이해하고 나서 정리에 임해 보세요.

1초 수납 방식

정리가 서툰 사람의 뇌 구조

제가 연구를 거듭한 결과 알게 된 것 중 하나는 **'정리는 뇌의 습관이 중요하다'는 점**입니다. 잠시 과거를 돌아보세요.

당신은 여름방학 숙제를 계획적으로 하는 타입이었나요? 아니면 여름방학 마지막 날 "어떡하지, 시간이 촉박해"라고 울상을 지으며 벼락치기를 하던 타입이었나요?

저는 "아직 독후감도, 자유 연구도, 맞다! 그림일기도 백지상태다!" 이러면서 늘 가벼운 패닉 상태가 되었던 기억이 납니다.

"계획적으로 하는 게 좋다는 건 알지만, 귀찮아. 나중에 하자." 여름방학 숙제를 이렇게 미루던 사람들은 혹시 정리도 마찬가지가 아닐까요?

이를테면 거실 테이블 위를 정리하다가 물건 몇 개를 꼭 남기게 되는 경우가 있습니다. 이때 귀찮다고 미루면 집 전체는 영원히 깨끗해지지 않습니다. 잘하는 과목의 숙제만 먼저 하고 나머지 숙제는 손도 대지 않는 상태와 비슷합니다. 이런 경향은 '뇌의 습관'에 따른 결과입니다.

귀찮아서 정리를 미루는 순간에 '아! 지금 내가 귀찮다고 생각하는 것이야말로 뇌의 습관이다'라고 자각하는 일부터 시작해 보세요.

물건을 버리지 못할 때의 심층 심리

"정리를 못해서 괴롭습니다"라며 저를 찾아오는 분의 대다수는 물건을 버리지 못해 힘들어합니다. 이야기를 들어보면 **'남들이 어떻게 생각할까'를 지나치게 신경 쓴다**는 것을 알게 됩니다.

이를테면 "장모님에게 선물 받은 옷은 내 취향이 아니라 한 번도 입은 적이 없다. 벌써 몇 년째 옷장에 걸어둔 채 있다. 하지만 버리면 뭐라고 할까 봐 버리지 못한다", "예전에 산 부적이 서랍에 가득 차 있다. 안에서 수호신들끼리 싸움이 날 지경이지만 버리면 벌을 받을 것 같다."라는 식입니다.

아직 일어나지도 않은 일을 이래저래 나쁜 방향으로 생각해 처분하지 못하는 것입니다.

애초에 누군가로부터 '이런 말을 들었다'는 '사실'과 '이런 말을 듣지 않을까'라고 걱정하는 것은 비슷한 듯해도 전혀 다릅니다.

'이런 말을 들었다'는 '사실'이지만 '이런 말을 듣지 않을까'는 그냥 '망상'입니다. 망상이 떠오르면 좋지 않은 말을 듣는 게 아닐까 하는 불안감이 머리와 마음에 가득 차 비관의 늪 속으로 빠져들게 됩니다.

당신에게는 그런 경험이 없으신가요?

의외라고 생각할지 모르지만 **'망상'은 '상처받는 것으로부터 자신을 지키기 위한 갑옷'입니다.** 누군가에게 충격적인 말이나 부정적인 말을 들으면 괴로우니까, 앞으로 일어날 수 있는 일이나 남에게 듣게 될 것 같은 말을 예상해 마음의 준비를 하는 상태이지요.

그 마음을 모르는 바는 아니지만, 일상생활에서 그런 망상에 사로잡혀 있으면 정리에까지 신경 쓸 여유가 없습니다. 그 결과 방이 어질러지는 것입니다. 사람의 마음에도 방과 마찬가지로 '용량'이 있기 때문입니다.

만일 당신이 어린아이이거나 미숙한 존재라면 자신의 몸

을 지키기 위한 방어가 필요할 수 있습니다.

하지만 당신은 이미 성숙한 어른입니다. **만일 무언가 예기치 못한 일이 일어나더라도, 누군가에게 무슨 말을 들었다 해도, 냉정하게 판단하고 상황에 대처할 수 있습니다.** 일어날지 일어나지 않을지 모르는 일에 겁먹지 말고 단단히 준비만 하고 있으면 됩니다.

'망상'은 그냥 '사고의 습관'일 뿐입니다. 그리고 습관은 의식하면 바꿀 수 있습니다. 머릿속에 있는 부정적인 생각이 말끔히 사라지면 상상하는 것보다 훨씬 쾌적한 생활을 할 수 있습니다.

망상 습관을 버린다면 정돈된 방에서 사는 건 식은 죽 먹기입니다. 성가시게 들러붙는 망상 습관과 작별하고, 집도 머리도 마음도 깨끗이 만들어 보세요.

1초 수납 방식

정리의 개념을 근본적으로 다시 생각한다

과거의 저는 정리를 1년에 몇 번밖에 하지 않았습니다. 어질러진 물건을 최대한 쌓아두고 스스로도 '정말이지 더 이상은 무리'라고 느낄 때까지 방치했다가 한꺼번에 치우는 것이 '정리'라고 생각했습니다.

물론 저도 잡지의 '정리 특집'에 소개된 '매일 리셋하자'라는 전문가의 조언을 자주 봤고, 매일 정리하는 게 좋다는 것도 알고 있었습니다. 하지만 '매일 하는 건 너무 힘들어', '나는 정리를 잘 못해.'라고 줄곧 믿고 있었습니다.

누군가에게 '정리는 매일 아무 생각 없이 양치질처럼 할 수 있는 것'이라는 말을 들은 적이 있습니다.

그 말을 듣고 제가 그동안 정리라고 생각하며 해왔던 일은 '정리가 아니었다'는 것을 깨달았습니다. 그리고 정리에 서투른 것이 아니라 '정리하는 방법을 몰랐을 뿐'이라는 것도 알게 되었습니다.

정리할 때 제가 '빌리프 노트'라고 부르며 활용하는 것이 있습니다. **'빌리프 노트'는 1초 수납을 이야기할 때 빼놓을 수 없는 중요한 개념**이므로 여기서 조금 설명하겠습니다.

빌리프란 영어로 Belief라고 쓰며 '신념', '신조', '확신'이라는 의미가 있습니다. 즉 '나는 이렇게 생각한다'는 것이죠. 우리는 무한하고 무수한 '나는 이렇게 생각한다 = 빌리프'가 마음에 가득 차 있는 존재입니다.

예를 들자면

- 정리란 이런 것
- 청소란 이런 것
- 가족이란 이런 것
- 부부란 이런 것
- 부모와 자식이란 이런 것 등입니다.

이처럼 당신이 생각하는 것 하나하나가 빌리프입니다. 그 몇 개의 빌리프를 모은 것이 한 권의 노트에 정리되어 있다고 상상해 보세요(*실제로 노트가 존재하는 것은 아닙니다).

당신의 마음속에 있는 무수한 당신의 생각과 신념, 즉 빌리프를 모아 둔 것을 '1초 수납'에서는 '빌리프 노트'라고 부릅니다. 모든 이의 마음에는 한 권의 빌리프 노트가 있습니다.

'빌리프 노트'와 정리의 관계

예를 들면 정리에 서툰 지금의 당신은 다음과 같은 상태라고 할 수 있습니다.

- 청소가 싫다
- 정리를 잘 못한다
- 가족 간에 정리하는 일로 싸움이 잦다
- '정리하라'고 배우자에게 늘 지적당한다

그런 당신이 빌리프 노트를 다시 쓰면 다음처럼 됩니다.

- 청소가 좋다
- 정리를 잘 한다
- 가족 간에 커뮤니케이션이 잘 된다.
- 배우자로부터 '항상 집을 깨끗하게 해 줘서 고맙다'는 감사의 말을 듣는다

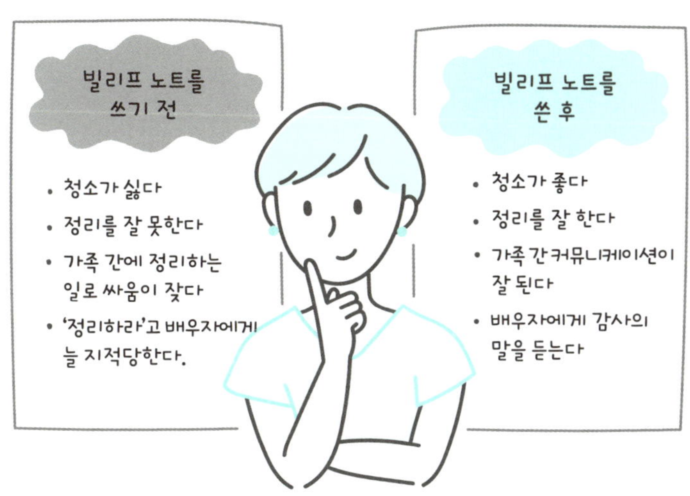

'미래의 정리 잘하는 당신의 상태'입니다.

빌리프 노트는 정리뿐만 아니라 당신의 인생 자체를 바꿀 정도로 힘이 있습니다. 빌리프 노트를 한 장씩 다시 쓴다면 당신은 이상적인 미래를 가질 수 있습니다.

'제대로 정리하고 싶다'고 생각하면서도 좀처럼 실천하지 못하는 것은 빌리프 노트 속의 정리에 관한 몇 페이지가 부정적인 내용으로 되어 있기 때문입니다.

지금까지 인생을 살아오는 동안 환경이나 인간관계에서

'그렇게 하지 않으면 살아낼 수 없었다', '그렇게 생각하지 않으면 그 자리를 견딜 수 없었다'는 경험이 반영되어 있는 것이지요.

정리가 서투른 사람은 '정리는 굉장히 힘든 것'이라고 생각합니다. 정리를 잘하는 사람은 '정리 까짓것, 그다지 힘들지 않아. 바로 쓱싹 해치울 수 있는 일이야'라고 생각합니다. 이런 차이가 있는 것입니다.

'정리는 굉장히 힘든 것'이라는 빌리프 노트를 고쳐 쓰지 않는 한 '정리는 싫은 것', '중노동', '하기 싫다', '정리를 생각만 해도 머리가 아파온다'라는 부정적인 이미지가 커집니다. 이런 상태에서는 아무리 '정리해야지'라고 생각해도 행동이 따르지 않습니다.

'빌리프 노트'를 고쳐 쓰려면?

마이너스 이미지의 빌리프 노트를 고쳐 쓰려면 구체적으로 어떻게 하는 게 좋을까요?

핵심은 '행동을 플러스하는 것'입니다. '정리는 쉽다'고 머리로만 생각해서는 안 됩니다. 막상 정리하려고 하면 '역시 무리다'라는 말이 튀어나오고 맙니다. 책상 앞에 앉아 정리에 대해 아무리 공부해봐야 몸에는 배지 않습니다.

실제로 간단한 정리를 해보고 '정리되었다'는 사실을 눈 앞에서 확인하면 '의외로 쉬웠다'는 것을 실감할 수 있습니다. **정리를 세분화하여 행동해 나가는 것이 중요합니다. 정리의 작은 성공 체험을 반복하며 한 페이지씩 고쳐 써 보세요.**

'한 번에 고쳐 쓸 수 없을까?'라고 생각하는 분들도 계실 거예요. 하지만 그건 무리입니다. 살고 있는 집의 크기와 정리에 걸리는 시간에 따라 달라지겠지만, 집 전체를 정리해야 한다는 분에게는 기본적으로 몇 주에서 몇 개월이 걸린다고 말씀드리고 있습니다.

서로 다른 상식에서 비롯되는 차이

세상 사람들 대부분은 '정리 같은 건 누구나 할 수 있는 일, 할 수 있는 게 당연한 일'이라고 생각합니다. 어쩌면 당신의 가족도 그런 사람 중 한 명일지 모릅니다.

직장에 다니면서 집안일과 육아까지 힘들게 해내고 있는데도, 배우자로부터 "정리 좀 제대로 했으면 좋겠다"는 말을 듣는다면 얼마나 괴로울까요?

'이렇게 열심히 치우는데도 알아주지 않는다'고 한탄하는 분은 어쩌면 '정리 방법'이 잘못된 것일지도 모릅니다.

2004년 이후 초등학교 5학년 가정 과목에 '정리 수납'에 대한 단원이 추가되었습니다. 하지만 그 이전 세대들은 정리 방법을 학교에서 배우지 못했습니다.

내 부모의 정리 방법이 '당연하다'고 생각하고 자란 것이지요. 그 말인즉슨 **자란 가정환경에 따라 정리에 대한 '당연함'**

이 전혀 다르다는 것을 의미합니다.

그 차이를 확실히 실감하게 되는 것이 결혼 생활입니다. 각자 다른 가정에서 형성된 정리 상식을 가지고 있으므로 함께 살면서 '다름'을 느끼는 것은 충분히 예상할 수 있는 일입니다. 서로가 '이게 상식이다'라고 자기 주장만 내세우면 충돌하는 게 당연합니다.

결혼으로 새 가정을 꾸렸다면 두 사람이 '우리 라이프 스타일에는 어떤 정리 방법이 맞는지' 대화를 나누어야 합니다.

자신은 나름 정리를 하고 있는데, 가족이나 주위 사람들로부터 매정한 말을 듣고 상처를 받는 사람이 있다면, 그건 그들과 당신이 '정리에 대한 상식'이 다르기 때문일 수 있습니다. 오랫동안 함께 살면서 갈등 상황이 계속되는 건 괴로운 일이지요.

부부가 대화할 때의 핵심은 '완벽주의를 버리는 것'과 '시간을 들여 대화하는 것'입니다. '한 번에 장시간 이야기를 나눈다'는 뜻이 아닙니다. 정리 문제에는 다양한 것들이 얽혀 있기 때문에 긴 세월에 걸쳐 대화를 거듭하는 것이 중요합니다.

이를테면 본가에서의 인간관계나 각자의 본가 상황이 다를 수 있고, 지역에 따라서는 남존여비 의식이 뿌리 깊을 수도 있습니다. 부부의 가치관이나 사고방식이 똑같은 경우는 거의 없지요. 따라서 아무리 장시간에 걸쳐 대화를 하더라도 단 한 번의 대화로는 문제를 해결할 수 없습니다.

또한 부부가 '정리에 대해 이야기하자'고 할 때는 집이 어질러져 있는 경우가 많습니다. 서로 짜증 난 상태에서 이야기를 시작하면 "당신이 좀 해", "네가 하면 되잖아"처럼 말싸움이 되리라는 건 상상이 되시죠? 이렇게 하는 것은 대화가 아니라 그저 감정을 서로 퍼붓는 진흙탕 싸움입니다.

감정적으로 대하지 않고 서로 냉정하게 이야기할 수 있는 상황을 선택하는 것이 매우 중요합니다. 예컨대 야근을 하고 귀가해 피곤한 상태라면 대화가 어렵겠지요.

부부끼리 대화할 때 스트레스가 되지 않도록

대화하기 좋은 타이밍은 서로의 기분이 좋을 때, 마음이 평온할 때입니다. 느닷없이 '정리에 관해 얘기 좀 하자'고 말을 꺼내면 상대는 자세를 잡고 전투태세에 들어가거나 도망가거나 둘 중 하나가 될 것입니다.

오늘은 꼭 말해야겠다 싶을 때는 서로 좋아하는 음식을 미리 준비해 맛있게 먹으면서 "사실은 할 이야기가 좀 있는데"라고 말을 꺼내 보세요.

상대방을 생각하는 '다정함'과 '배려'는 정리에 있어 매우 중요한 포인트입니다. 누구든 상대방이 배려해주면 기쁘기 마련입니다.

또한, 갑자기 본론으로 들어가지 말고 단계를 밟아야 합니다. 대뜸 정리 분담 문제를 꺼낼 게 아니라 "현재 우리 집 상황에 만족해?"라고 물어보세요. 집의 상황에 대해 어떻게 생각하는지 물어보는 것도 좋습니다.

"그 물건 가지고 있어도 안 쓰잖아", "정말 필요해?"라는 등의 정론을 내세우지 않는 것이 핵심입니다.

"당신은 집이 어질러져 있어도 괜찮다고 생각할지 모르지만 나는 우리집이 깨끗하면 좋겠어. 이건 우리 부부가 앞으로 한 집에서 사는 데 있어 중요한 문제야. 그러니 협조해 주면 안 될까?"라는 식으로 '부탁하는 자세'를 취하는 것이 유리합니다.

누구나 상대방이 '항상 웃는 얼굴로 있었으면 좋겠다', '기분 좋게 지내면 좋겠다'고 생각합니다. 그리고 '배우자를 기쁘게 해주는 나는 꽤 괜찮은 사람이다'라는 자부심을 갖게 되지요. '나는 꽤 괜찮은 사람'이라는 포인트가 정말 중요합니다.

인간은 자존심이 강하고 상처받기 쉬운 존재입니다. 배우자가 "당신은 이걸 못하고, 저걸 못해"라고 말하면 상대방도 '그러는 당신도 집안일에 상당히 허술하잖아. 왜 나만

비난하지?'라는 생각이 듭니다. 그러면 싸움도 잦아지게 되지요.

예를 들어서 "양말을 벗어서 그냥 두지 말라고 몇 번을 말해야 알아들어!"가 아니라 "벗은 양말은 빨래 바구니에 넣어주면 좋겠는데"라고 말해보세요.

대화의 키워드는 '배려'. 서로에게 '배려심'을 갖는 것이 중요합니다. 누구나 완벽하지 않으니까요.

'누가 치워주면 좋겠는데'라는 생각이 들 때도 있을 것입니다. 하지만 **기본적으로 '배우자나 아이가 해 주면 좋을 텐데'라는 당신의 생각은 뜻대로 이루어지지 않습니다.**

중요한 것은 내가 먼저 하겠다는 자세입니다. '누가 해주면 좋겠다'고 생각하면 당신의 부담이 제로가 되지 않는 한, 영원히 불만과 함께 평생을 살아야 합니다.

물론 가족의 노예가 되라는 말은 아닙니다. **부부가 평등하게 정리하기를 바라지 말고 어느 쪽이든 더 소질있는 사람이 가족을 리드하는 '당당한 매니저가 되라'고 말씀드립니다.** 중요한 것은 여러분의 가정에 맞는 정리 방법을 찾는 것입니다.

가족 간의 정리 방법이 분명히 정해져 있지 않으면 5년이 지나도 10년이 지나도 상황은 변하지 않습니다.

Check List

- [ ] '정리 곰손 캐릭터'에서 벗어난다
- [ ] '정리'와 '청소'를 구별하여 실시한다
- [ ] '미루는 것은 뇌의 습관'임을 안다
- [ ] '물건을 버리지 못하는' 자신의 마음 속을 들여다본다
- [ ] 마음 속에 있는 '빌리프 노트'를 고쳐 쓴다
- [ ] 정리에 대해 부부가 대화하는 시간을 만든다
- [ ] 가족에게 정리를 부탁할 때는 불만을 터뜨리지 말고 '배려심'을 갖도록 노력한다
- [ ] 정리는 남에게 맡기지 않고 자신이 리드한다

정리 방법을 알게 된 후 집안은 물론 사무실도 깨끗하게 유지하고 있습니다

Data 에리 씨 / 주고쿠 거주
가족 구성 남편, 아들 2명(4세, 1세)
집의 종류·평면 아파트 · 3LDK

4년 전

육아휴직 중, 평소에 사용하는 거실은 깔끔하게 하고 지냈습니다.

얘가 자고 있을 때 저 방을 치워야지!

친정에서 가져온 짐들이 쌓여 있는 '닫아 놓은 방'

이걸 어디서부터 치워야하지?

내일 하자, 내일…

이런 상태로 계속 미루다 벌써 3년…

괜찮아, 우선 장 보러 다녀 오자.

어느 날 인스타에서 발견한 료코 선생님의 강좌를 신청했습니다.

직장 복귀까지 앞으로 반년! 하려면 지금 밖에 시간이 없어!

스스로 신청해 놓고도 처음에는 마음이 동하지 않아 핑계만.

아─! 근데 애도 울고, 오늘은 도저히 못하겠어.

버린 물건의 사진과 메모를 보내야 하는데…

그래도 시간이 지나면서
조금씩 불붙기
시작했습니다.
복귀까지 앞으로 한 달밖에 안 남았어! 어떻게든 치워야지! 여보, 나 한다!
아, 알았어
그때부터 남은 시간 동안 정리에 몰두.
남편과 함께 가구를 옮기고
인테리어를 보러 다녔습니다.
이 서랍장은 창가?
저쪽 모퉁이에 둘 거야
방이 깨끗해지고 '닿아놓은 방'도 해결.
물건을 좀 더 줄이고 싶은
욕심마저 생겼습니다.
'하루에 5개 버리기'가 규칙이지만 더 버릴 수 있는 게 없을까?
현재
지금도 깨끗하게 유지
아이가 2명으로 늘었지만, 물건으로 가득 차는 일은 없습니다
여보, 장난감 정리하세요
네~에!
정리의 효과는 굉장합니다. 물건을 버리고 깨끗이 치운 결과 복귀 후 직장에서도 머릿속이 맑아지고, 업무 실수도 줄고, 인간관계도 좋아졌습니다.

에리 씨의 방 

아이가 태어난 지 6개월
만에 창고방이 되었습니다.
어딘가에 넣어야 한다고
생각하면서도
문을 닫고 모른 척하고
있었습니다

집이 깨끗해져
가족들도 정리하기 쉬운
환경이 되었습니다.
정리하는 방법을 알게 되니
자신감이 생기고
인생도 달라졌어요.

제2장

정리에 서툰 사람들
정리 곰손의 행동 패턴

눈가림식 정리로 창고방을 만들다

40년간 지독한 정리 곰손이었던 저는 지금까지 온갖 실패를 거듭해 왔습니다. 그중에서 여러분이 '나도!', '맞아! 나랑 똑같아'라고 많이 공감하는 이야기를 해보려고 합니다.

여러분은 갑자기 손님이 찾아와 당황한 적 없으신가요? 저는 '손님이 온다'는 걸 알게 되면 항상 패닉에 빠졌습니다. 그리고는 황급히 바닥에 널브러져 있는 물건들을 종이가방에 넣어 다른 방에 숨겼습니다.

그러면 손님이 들어오는 공간은 정리가 잘 되어 있는 것처럼 보이기 때문에 그날은 완벽하게 넘어갑니다. 하지만 또 다른 손님이 오게 되면 또 같은 식으로 다른 방에 휙. 맞습니다. 눈 가리고 아웅 하는 꼴이죠(웃음). 그날은 어떻게든 넘어가지만, 문제는 그 후입니다.

서류부터 과자, 때로는 옷까지 뒤죽박죽 섞어 종이가방에 넣으니 나중에는 필요한 것이 어디에 있는지 알 수가 없습니다. 그 결과 '이게 없네, 저게 없네' 하며 물건을 찾느라 고생하게 되지요.

이처럼 물건을 닥치는 대로 종이 가방에 넣어 안 쓰는 방에 숨기는 사람이 상당히 많다는 것을 알고 있습니다. 1초 수납에서는 이것을 '종이 가방 전법'이라고 부릅니다.

무서워서 못 들어가는 창고방

손님이 올 때마다 **거실 바닥에 어질러져 있는 물건들을 황급히 다른 방으로 옮기기를 반복하다 보면 순식간에 '창고방'이 생기게 됩니다.**

과거 저희 집에도 창고방이 있었습니다. 처음에는 종이 가방 서너 개만 둘 작정이었는데, 정신을 차려보니 감당할 수 없을 정도로 많은 종이 가방과 갈 곳을 찾지 못해 쌓여 있는 물건들이 있었습니다.

물건이 너무 많이 쌓여 있어서 아이가 "저 방은 무서워서 가까이 안 갈래."라고 말하더라는 수강생도 있었습니다.

무서운 곳(=창고방)에 발을 들여놓으려면 '정리하자'는 의욕 이전에 '용기'가 필요합니다. 상당한 에너지가 필요한 작업이지만, 애초에 창고방을 만들 정도로 정리에 서툰 사람은 정리할 의욕이 없어 고민하기도 합니다.

치우려고만 하면 몸 상태가 안 좋아져 드러누워야 할 정도로 저항감을 갖는 사람도 있습니다.

하지만 당신이나 다른 누군가가 손대지 않는 한 그 창고방은 영원히 정리되지 않은 채 그대로입니다. **이미 집에 창고방이 있다면 작정하고 하루라도 빨리 정리하세요. 시작할 타이밍을 미루면 미룰수록 창고방은 점점 감당할 수 없는 장소가 되어갑니다.**

물건이 바닥에 흩어져 있는 정도라면 방 안쪽으로 가고 싶을 때 물건을 넘어서 다닐 수 있겠지요. 하지만 박스가 쌓여 있는 상태가 되면 방 안쪽까지 들어가기가 어려워집니다. 이때는 물건과 박스를 밀어 헤쳐야 하고, 그 상태에서 물건이 더 많아지면 안쪽까지 들어갈 수 없는 방이 됩니다.

물건을 넘어 다니는 동안 치우세요(웃음). 물건을 헤치고 다녀야 하는 수준이 되면 정리할 기운조차 생기지 않습니

다. '차라리 전부 다 버릴까'하는 생각도 들지만, 상자 속 물건을 하나하나 들여다보면 전부 필요한 것임을 깨닫고 절망감에 사로잡힙니다.

단, 본격적인 정리를 시작할 때는 식사와 수면을 충분히 취하는 등 몸과 마음의 컨디션을 잘 조절하는 것이 매우 중요합니다.

열이 나거나 몸 상태가 나쁠 때는 정리할 기력이 생기지 않지요. 정리는 어려운 일이니까요. 특히 대대적인 정리를 할 때는 몸 상태를 잘 조절한 후 시작하세요.

집도 머리도 마음도 정돈되어 있는 상태를 일상적으로 유지하기 위해서는 수면과 식사가 매우 중요합니다. 집이 정리되면서 수면과 식사도 잘 챙기게되어 건강해지는 경우가 많습니다. 삶의 질이 향상된 것이지요.

정리의 우선순위가 낮고, 무조건 미룬다

예전의 저는 모든 것을 '미루는' 사람이었습니다. 게다가 당시에는 그에 대한 자각도 없었습니다.

이를테면 수북이 쌓인 빨래 더미를 10분 안에 갤 수 있는데도 "피곤하니 나중에"라며 미뤘고, 바닥에 굴러다니는 뭔가가 보이면 그 자리에서 주워 어딘가에 넣든지 버리면 좋을 텐데 몇 번을 힐끔힐끔 보면서도 지나쳐버렸죠.

몇 번을 그러다가 간신히 근처 테이블 위에 '잠시 올려두기'. 그런 식으로 테이블 위에는 물건이 차곡차곡 쌓여 갔습니다.

사실 **정리를 잘 못하는 가장 큰 원인은 미루는 습관에 있습니다.** 저는 이 무서운 사실을 정리를 할 수 있게 된 후에야 비로소 깨달았습니다.

대부분의 사람들이 미루는 습관과 정리를 못하는 것 사

이에 인과관계가 있다는 사실을 모릅니다. 이를 알고 있는 사람조차도 말을 슬쩍 바꿔 '나는 정리 센스가 없다'고 믿어 버립니다. 정리를 못하는 것은 **센스가 없어서가 아닙니다. '미루는 것이 당연하다'는 마인드가 근본적인 원인입니다.**

우선 중요한 것은 미루고 있다는 사실을 깨닫는 것입니다. "어, 내가 지금 미룬 건가? 그런 것 같아."라고 말이지요. 그리고 '나중이 아니라 지금 할 수 없을까?'라는 생각을 항상 하시기 바랍니다.

미루는 것의 절반 이상은 지금 할 수 있는 일입니다. 그리고 대개 5분 이내에 끝낼 수 있습니다. **모든 행동에 대해 '지금 하는 게 좋지 않아?', '지금 할 수 없을까?'라고 자신에게 물어보세요.**

'미루기'는 커다란 스트레스의 원인

예를 들어 '이 프린트를 저 서랍에 넣자. 아, 근데 밥 먹고 해야지'라는 생각이 든다면 '지금 할 수 없을까?'라고 생각하는 습관을 들이고 5분 안에 할 수 있는 일은 바로 해 버리세요. **지금 할 수 있는 일을 자꾸 하다 보면 미뤘다 해야 하는 일**

이 점점 줄어듭니다. 그러면 당장 하는 게 더 편하다는 사실을 스스로 깨닫게 됩니다.

미루기를 좋아하는 사람은 미루기를 반복합니다.

밥을 먹은 후에 하자고 생각했지만, 밥을 먹은 후에는 목욕을 하고 나서 하자, 자기 전까지 하자, 내일 하자는 식으로 계속 미루게 됩니다.

물론 그 사이에 새로 해야 할 일도 생기기 때문에 미룬 일은 금방 눈덩이처럼 불어납니다. **빨리 해치우면 5분 안에 할 수 있는 작은 일인데 점점 부풀려져 결과적으로 큰일이 되어 버리지요.**

결국 정리는 아주 힘든 일이 되고, 정리 생각만 해도 머리가 아파지는 사태가 발생합니다.

하지만 30분 이상 걸릴 것 같아 당장에 할 수 없는 일도 있지요. 그럴 때는 '(그 정리를) 하는 날짜와 시간'을 정하세요. '지금 못하니 나중에 해도 돼.'의 '나중'을 구체적인 날짜와 시간으로 정하는 것입니다.

직장 일과는 달리 집안일이나 정리에는 대부분 마감일이 없습니다. 누군가에게 폐를 끼치지도 않고 야단맞는 것도 아니므로 슬금슬금 미루기 쉽지요. 하지만 그 행동이 미래의 자기 목을 조르는 것임을 알아차리기 바랍니다.

'미루지 않겠다'고 자신과 약속한다

'자신을 소중히 한다'는 표현을 자주 접합니다. 하지만 그것은 무언가를 해내면 케이크를 먹는다거나 보상으로 명품 가방 같은 것을 산다는 의미가 아닙니다.

1초 수납 학원에 등록해 놓고도 '왠지 할 기분이 아니야. 하기 싫을 때는 하지 말자!'라며 자신에게 관대한 사람이 있습니다. **'정리'는 '자신과의 약속'입니다.**

정리를 못하는 사람은 자신과 한 약속의 우선순위가 낮은 것입니다. 제가 바로 그랬습니다. '자신과 한 약속의 우선순위가 낮다'는 것은 '자신을 소홀히 하고 있다'는 것입니다. 자신과의 약속을 잘 지키면 스스로에게 실망하지 않게 되고, 마음이 편해지고 기분도 좋아집니다.

만일 친구가 약속을 갑자기 취소하는 일이 잦다면 얼마나 슬프겠어요? 나는 그 사람에게 소중한 존재가 아니라는 느낌이 들테고 그 사람과의 관계에 대해 다시 생각하게 될지도 모릅니다.

당연한 말이지만, 자신과의 관계는 평생을 갑니다. 그런 만큼 자신과 사귀는 법이 매우 중요합니다.

지금까지 '자신과의 약속을 지킨다'는 것에 대해 생각해본적 없거나 혹은 중요하게 여기지 않았던 사람이라면 처음에는 자신과의 약속을 지키는 일이 귀찮다고 느껴질지도 모릅니다.

하지만 생각났을 때 미루지 말고 바로 정리해보세요. 작은 성취감을 쌓아나가는 것이 정리 곰손을 극복하는 중요한 열쇠가 됩니다.

물건을 제자리에 갖다 놓지 않고 꺼내둔 상태로 방치한다

정리 곰손을 극복하는 동안 저는 정리를 잘하는 사람과 못하는 사람의 차이를 알게 되었습니다. 그 중 하나가 '정리를 못하는 사람은 사용한 물건을 제자리에 돌려놓지 않는다'인데, 그 이유에 대해 알려 드리겠습니다.

정리를 잘하는 사람에게 사용한 물건을 제자리에 돌려놓는 것은 아주 당연한 일입니다. 하지만 정리 못하는 사람은 그렇지를 못합니다. 왜 그럴까요? 서랍은 열어둔 채로 두고, 빨래감은 벗은 그 자리에 방치, 도구는 사용한 상태 그대로…등등 마음에 짚이는 것들이 많으시지요?

심지어 지금 자신이 무슨 일을 하고 있었는지 잊어버려 어정쩡한 상태로 내버려 두는 경우도 자주 있습니다. **그 이유는 '한 가지 일이 끝나지 않았는데 벌써 다음 할 일을 생각'하고**

있기 때문입니다. 의식이 끊임없이 새로운 것으로 옮아가니 꺼낸 물건을 제자리로 돌려놓는 데까지 생각이 미치지 못하는 게 당연합니다.

'물건의 주소'가 정해지지 않는 이유는 뭘까?

정리에 관한 책을 보면 사용한 물건을 제자리에 돌려놓기 위해서는 '물건의 주소를 정하자'라고 쓰여 있습니다. 하지만 '주소를 정하고 싶어도 정할 수가 없다'는 소리를 자주 듣습니다. 저도 예전에는 그랬기 때문에 잘 압니다.

원래대로 돌려놓지 못하는 원인은 주소를 정하기 전에 우선 물건의 양이 너무 많기 때문입니다.

처음부터 가지고 있던 물건의 총수와 총량이 많은 것입니다. 수납 공간보다 물건이 많으면 주소를 정하지 못하는 게 당연합니다. 돌려놓을 공간이 없으니 그 근처에 적당히 둘 수밖에 없습니다. 그 결과 필요한 물건을 찾지 못하는 상황이 생깁니다.

우선은 당신이나 가족에게 필요 없는 물건을 처분하세요. **물건을 줄이면 수납 공간에 물건을 넣고 빼기가 수월해지고 원래대로 돌려놓기도 어렵지 않습니다.** 그럼에도 불구하고 바쁠 때나 피곤할 때 또는 가족 중 누군가가 물건을 꺼내둔 채 방치할 때가 있습니다.

그럴 때는 '15분 정리법'을 추천합니다. **매일 정해진 시간에 15분만 '방치된 물건들'을 정리하면 됩니다.** 누군가가 쓰고 책상 위에 꺼내 둔 가위는 서랍에 넣습니다. 누군가가 벗어서 소파에 둔 옷은 세탁할 것은 빨래 바구니로, 다시 입는다면 그 사람 방으로 갖다 놓습니다. 마신 후 테이블 위에 놓아둔 컵은 싱크대에 가져다놓습니다.

정리를 못하는 사람은 '방치된 물건들'에 대한 대책이 필요합니다.

'15분 정리'에는 '집안일'이나 '광범위한 정리'는 포함되지 않습니다. 사용한 물건을 원래 자리로 돌려놓기만 하는 시간입니다. 그러면 '어? 이렇게 돌려놓는 시간은 낭비 아니야?' '항상 같은 것만 치우고 있네?'라고 실감하게 될 것입니다.

15분 정리를 하는 것보다 사용 후 즉시 제자리로 돌려놓는 것이 합리적이라는 마음이 조금씩 생기게 되고, 그러다 보면 저절로 원위치로 돌려놓는 습관이 붙습니다. '15분 정리법'은 3장에서 자세히 설명하겠습니다.

정리의 규칙은 스스로 정한다

"난 혼자니까 꺼내놓고 살아도 별문제 없잖아. 딱히 누군가에게 피해를 주는 것도 아니고."

그렇게 살던 사람이 결혼해서 아이가 태어나거나 가족이 늘어난 후에도 똑같이 물건을 꺼내놓고 생활하는 나쁜 습관을 유지한다면 결국엔 어려움을 겪게 됩니다.

식탁 위에 프린트와 잡지가 수북이 쌓이고 그 밑에 리모컨이 숨어버려 필요할 때 "어? 리모콘 어디 갔어?"라며 찾아 헤매는 상황을 맞는 경우가 상당히 많습니다.

이를테면 '식탁 위에는 물건을 절대 두지 않는다'라는 단순한 규칙을 만들어 매일 실천해 보는 것도 하나의 방법입니다. 식탁은 창고가 아니라는 하나의 규칙을 만들고 당신과 가족이 규칙을 꾸준히 지켜나가면 최종적으로 식탁을 항상 깨끗한 상태로 유지할 수 있습니다. 심지어 그렇지 못한 상태가 되면 기분이 나빠집니다.

우선 '나와 우리 집의 규칙'을 하나 만들어 보세요.

"밤에 정리해 놓지 않으면 다음 날 아침에 해야 하는데, 정리로 하루를 시작하는 건 싫어."라며 반드시 매일 밤 자기 전에 집을 리셋하는 사람도 있습니다. 그러면 매일 아침 기분 좋은 시간을 보낼 수 있겠죠.

'집에서도 규칙을 지키라니, 직장도 아닌데 딱딱해서 싫어'라고 생각하는 사람도 있을 테지요? **규칙을 만들 때 중요한 것은 '지킬 수 있는 간단한 규칙'을 만드는 것입니다.**

이를테면 술자리가 있었을 때는 술에 취해 의식이 몽롱한 상태로 우편함에서 신문이나 우편물을 꺼내 집 안으로 들어오게 되는데, 가끔 테이블에 던져두고 침대에 쓰러지는 경우가 있을 겁니다. 그럴 경우에는 '술을 마시고 귀가했을 때는 다음날 정리한다'라고 지킬 수 있을 정도의 규칙을 만들면 됩니다.

여러분도 아시겠지만, 어른이 되면 규칙이라는 것은 누가 정해 주는 게 아닙니다.

가끔 1초 수납 학원에서 "규칙은 료코 선생님이 정해주고 가르쳐준다고 생각했습니다"라고 말하는 학생이 있습니다. 하지만 "이곳은 저나 선생님들이 정한 규칙을 지키는 학원이 아니라 여러분이 스스로 규칙을 정할 수 있도록 성장시키는 학원이에요."라고 말씀드립니다.

실행 가능한 '나만의 규칙'을 만드는 것부터 시작해 보세요.

정리하다가 딴짓을 한다

'오늘은 기필코 치우겠다.'고 벼르며 정리를 시작했는데, 정신을 차리고 보면 스마트폰을 보고 있거나, 눈에 거슬리던 곳을 '지금이 기회다!'라며 반짝반짝 윤이 나도록 청소하느라 결국 아무것도 제대로 하지 못하는 경우가 자주 있습니다.

정리에 서툰 사람이 정리를 시작했다가 다른 것에 마음을 빼앗기는 이유 중 하나는 그들이 '영감형 인간'이기 때문입니다. 아이디어맨인 것이죠. '영감이 뛰어나다', '아이디어가 대단하다'고 칭찬받는 반면, 영감이나 아이디어가 떠오르면 그때까지 하던 일을 제쳐두고 떠오른 다른 일을 시작하는 경향이 있습니다.

영감이 뛰어난 것은 정리에 서툰 사람들의 장점이지만 정리를 할 때는 위험 요소가 될 수 있습니다.

일을 끝맺는데 서툴고 '완결 습관'이 몸에 배어 있지 않다면 '내가 그런 타입이구나'라고 자각할 필요가 있습니다.

주방에서 물을 끓이다가 갑자기 화장실의 뭔가가 걱정돼 화장실로 갑니다. 그러면 주방 일은 까맣게 잊어버리죠. 잠시 후 주방으로 돌아오면 물이 펄펄 끓고 있습니다.

여러분은 그런적 없으신가요? 이처럼 정신이 산만한 사람은 대체로 정리를 잘 못하는 경우가 많습니다.

"현관을 정리하다가 갑자기 주방 정리가 하고 싶어져 몸이 근질근질할 때가 있습니다. 이럴 땐 주방 정리를 해도 될까요?"

학생들이 자주 하는 질문입니다. 느닷없이 주방을 깨끗이 치우고 싶다는 생각이 들 수 있습니다. 그 마음은 이해합니다. 하지만 현관이 아직 끝나지 않았는데 다음 장소를 시작하면 현관은 이도 저도 아닌 상태가 되어버립니다.

주방을 치우고 싶은 욕망이 생기더라도 잠시 억누르고 정리 중이던 현관에 집중하는 게 좋습니다.

아이디어를 기록한다

자신의 특징을 자각하고 완결 습관을 들이기 위한 좋은

방법이 있습니다. 손으로 쓰는 노트든 스마트폰의 메모 기능이든 수단을 가리지 말고, 뭔가가 머리에 떠오르면 그 아이디어를 적어 보세요. '주방을 이렇게 치우자'라는 **아이디어가 떠오르면 머릿속에서 지워버리지 말고 일단 적어서 나중에 실행할 수 있도록 노트에 남겨 두는 것입니다.**

정리하던 중에 떠오르는 생각을 메모하면 마음이 조금 진정될 것입니다. 메모하지 않은 상태에서 '주방을 치우고 싶은 마음을 참고 현관에 집중하자'고 하면 머릿속에 찜찜함이 남습니다.

'지금 하지 않으면 잊어버린다!'는 생각이 계속 맴돌게 되지요. **아이디어나 하고 싶은 일을 머릿속에 계속 품고 있으면 뇌의 메모리를 계속 쓰게 됩니다.**

생각난 것을 즉시 행동으로 옮기고 싶어 하는 사람이라면 처음에는 정신적으로 조금 힘들겠지만, 자꾸 연습하면 할 수 있습니다.

'To Do 리스트'를 쓰는 것도 한 가지 방법입니다. 리스트의 작업을 하나씩 완결하면서 작은 완결의 경험을 쌓아보세요.

아깝다는 생각에 버리지 못 한다

저는 지금까지 정리에 서툴러 힘들어하는 많은 분들을 도우며 교류해 왔습니다. 첫 만남에서 정리에 관한 고민을 묻곤 하는데, 그 중 TOP3에 반드시 들어가는 것이 '물건을 못 버린다'는 것입니다.

구멍 난 양말이나 2년 전에 유통기한이 지난 식품이라면 누구나 망설임 없이 버릴 수 있겠지요? 그렇다면 '아직 쓸 만한' 물건이나 새 것 같은 물건은 어떨까요?

'아깝다'는 마음에 '혹시 모르니까 남겨 두자'고 생각하는 사람이 대부분이지 않을까 생각합니다.

왜 버리지 못하는 걸까요? 그것은 '마음이 괴롭기 때문' 입니다. **정리를 잘 못하는 사람은 물건을 '의인화'하거나 반려동물처럼 '버리자니 가엾다'고 생각하는 경향이 있습니다.**

그런 '비인간'적인 일은 할 수 없다. 그런 끔찍한 짓을 할 바에야 차라리 '버리지 말자'는 마음이 작용하는 것입니다.

그 결과 집에는 필요 없는 물건들이 한가득이고, 심지어 그 양이 점점 늘어나게 됩니다. 하지만 그런 상태가 계속되면 어떻게 될지 상상해 보세요.

정신을 차리고 보면 손댈 수 없는 지경이 되어 있고, 어질러진 상태가 일상이 됩니다. 그런 집에서 아이를 키우면 당신의 자녀와 나아가 손자에게까지 영향을 미칠지도 모릅니다.

사실은 정리를 못하는 DNA가 자녀와 손자에게까지 대물림될까봐 불안해하며 '정리 곰손은 내 대에서 끝내고 싶다'는 간절한 마음을 품고 있는 사람들이 정말 많습니다.

지금 필요 없는 물건을 버리지 않고 보관한다면, 본인이 생활하기 어려워지는 것은 물론이고 가족도 생활에 곤란을 겪게 될 가능성이 있습니다. 만약 그렇게 된다면 그것이야말로 가장 '아까운 일'이 아닐까요?

당신과 가족에게 필요 없는 물건이 온 집안에 넘쳐나고, 매일 머릿속에 '치워야지', '치워야지'라는 생각이 가득 차 찜찜하다면 '지금'이 당신의 '아까워하는 습관'을 바꿀 때입니다.

사용하지 않는 물건들을 '필요 없으니까'라며 너무 쉽게, 함부로 혹은 미워하는 마음으로 쓰레기통에 던져 버리는 것은 확실히 괴로운 일입니다. 하지만 "그동안 정말 고마웠어"라며 감사한 마음으로 보낸다면 어떨까요?

물건을 졸업한다

물건을 버릴 때 마음이 너무 아프다는 분도 많은 것 같습니다. 하지만 1초 수납에서는 그것은 '버림'이 아니라 '졸업'이라고 말씀드립니다.

'물건을 버린다'에서 '물건으로부터 졸업한다'로 바꿔 말하는 것입니다. 어떤가요? '졸업한다'는 표현을 쓰면 감사한 마음도 생기고 앞으로 나아가는 밝은 느낌이 들지 않나요?

물건과의 만남도 사람과 같아서 일기일회(一期一会)입니다. 당신이 달라지면 당신에게 필요한 물건도 라이프 스테이지(Life Stage, 생애 단계)에 따라 달라집니다. 물건과 헤어지는 쓸쓸함을 꾹 참고 웃는 얼굴로 '졸업'하세요.

정리에 서툰 사람은 다정하고 약간 겁이 많습니다. 겁쟁이라서 정리에 임할 때도 '용기'와 '각오'가 조금 필요하다는 것을 기억하시기 바랍니다. 그래서 더욱 정리를 통해 성장할 수 있는 것입니다.

이렇게 **물건을 떠나보내면 '이 집과 이 방의 주인은 물건이 아니라 나였다'는 사실을 깨닫게 되고 자신감이 생깁니다.**

물건이 가득 차 무엇이 어디에 얼마나 있는지를 전혀 모르던 삶에서 집 어디에 무엇이 얼마나 있는지 확실히 아는 삶으로 바뀌면 당신의 '아까워하는 마음'도 달라질 것입니다.

몸과 마음에 나타나는 '정리 알레르기'

'정리'를 하려고 마음만 먹으면 컨디션이 안 좋아지면서 과민 반응을 일으키는 당신! 정리 알레르기 증상입니다. 과거의 저도 완전 '정리 알레르기'였습니다.

알레르기의 원인 물질인 알레르겐이 몸 안에 들어오면 염증을 일으켜 재채기, 콧물, 권태감, 두통, 피부 따끔거림 등 불쾌한 증상이 나타나는 것처럼 '정리'라는 알레르겐에 의해 당신의 마음이 따끔거릴 정도로 손상을 입고 있다는 것을 우선 자각해야 합니다.

정리만 하려고 하면 나른해지거나 컨디션이 안 좋아지는 등 과민반응이 일어나는 정리 알레르기가 평생 낫지 않을 거라고 생각하시나요? 그것도 당신의 편견에 지나지 않습니다.

저를 포함해 1초 수납을 마스터한 많은 사람들이 정리

알레르기를 극복했습니다. 그러기 위해서 **'나의 본심은 무엇인가'를 명확히 알고 그것을 실행해야 합니다. 정리가 '싫다'거나 '불쾌하다'고 계속 도망만 다녀봤자 괴로운 증상은 조금도 나아지지 않습니다.**

자신이 정말 하고 싶은 것을 상상하고 실행하세요. 그래야 알레르기가 낫습니다. 정리에 관한 책을 읽거나 공부를 하는 등 인풋만 열심히 하는 것으로는 부족합니다.

'실제로 정리한다'는 행동으로 옮겨야 합니다. 작은 일이라도 직접 하기 시작하면 탄력이 생깁니다.

1분만이라도 매일 한다

중요한 것은 **아무리 하기 싫고 컨디션이 조금 안 좋더라도 '1분만'이라도 정리하는 것.** 이때 타이머 켜는 걸 잊지 마세요. 정리를 시작한 후 1분이 지났는데도 더 하고 싶다면 물론 해도 좋습니다! 조깅을 계속하는 것과 마찬가지입니다.

매일 아침 조깅을 지속하기 위한 포인트는 매일 아침 러닝화를 신는 것. 러닝화를 신으면 계속할 수 있습니다. 지속하는 것이 중요할 뿐, 달리는 거리는 문제가 아닙니다.

정리로 말하자면, 처음에는 조금이라도 좋으니 정리를 하는 것이 중요하지 들이는 시간은 문제가 아니라는 뜻입니다.

우선 1분만이라도 해보세요. **'오늘도 1분 했다', '오늘도 1분 했다'를 매일 계속하면 그것이 당연해져 5분, 10분도 할 수 있게 됩니다.** 그러면 점점 30분, 1시간으로 늘릴 수 있지요.

다시 말하지만, 타이머 켜기를 잊지 마세요. 1초 수납에서는 주방 타이머가 당신의 강력한 아군이자 필수 아이템입니다.

정리를 지속하기 위해 중요한 것은 '단 1분이라도 실천한 자신을 칭찬해 주는 것'.

정리를 못하는 사람은 "오늘 밖에 못 했다.", "1시간 할 생각이었는데 15분밖에 못 했다."는 등 못 했던 일에 먼저 관심을 돌리는 경우가 많습니다.

그렇게 되면 나는 '정리가 안 되어 있다'는 상태에서 벗어날 수 없습니다. "오늘 15분 했다.", "다음날 또 30분 했다."라는 식으로 조금씩 계속하면서 성장하는 자신을 인정해 주세요.

정리 알레르기를 치료하려면 계속 해야 합니다. 노하우를 항알레르기 약이라 생각하고 온갖 정리책을 뒤적이거나 가족 등 누군가가 해주기를 바라기 쉽지만, 약에 의지하면 약이 떨어졌을 때 곤란해집니다. 어쩌면 더 악화될 수도 있습니다.

정리에 관한 책은 에너지 드링크처럼 일시적으로 당신의 기운을 북돋울 수는 있습니다. 그러나 어쨌든 가장 건강한 상태를 유지하기 위해 필요한 것은 약도 에너지 드링크도 아닌 근본적인 '체질 개선'입니다.

정리 곰손을 극복하려면 자신이 주체가 되어야 한다

체질 개선을 위해서는 정리를 대하는 자세를 바꿀 필요도 있습니다.

'가족 중 누군가가 치워주지 않을까'라고 생각하면 '어떻게 하면 다른 사람이 해줄까'에 대해 생각하느라 많은 에너지를 투자하게 됩니다.

'왜 내가 해야 하지? 배우자나 아이, 가족이 해주면 좋을 텐데'라는 생각에서 '내가 한다'로 변하지 않는 한 정리 곰손은 극복할 수 없습니다.

누군가가 해주기를 바라지 말고, 가정의 정리정돈에 관한 한 자신이 선두에 서서 지휘하겠다는 마음을 갖기 바랍니다. 4인 가족이면 똑같이 배분해 '한 사람이 25%씩 치우면 좋겠다'고 생각하는 분들이 상당히 많지만 지금 당장 그렇게 하기는 현실적으로 어렵지요.

나중에는 가능할지 모르지만, **우선은 '내가 하겠다'라고 당신이 선두 지휘를 시작하시기 바랍니다.** 그렇게 하면 신기하게도 가족들이 정리에 동참하게 됩니다. 다만, 시간 차가 있을 것입니다.

당신이 열심히 정리하는 동안 가족들이 당신의 뒷모습을 보며 변해가는 것이지요.

체질 개선을 위해서는 노폐물 디톡스가 매우 중요하듯 정리도 마찬가지입니다. 물건을 처분하면 마음과 정신이 디톡스된다는 사실은 모두 잘 아실 겁니다.

디톡스 하면서 정리 알레르기를 조금씩 극복해 나가시기 바랍니다.

Check List

- 본격적인 정리를 할 때는 수면과 식사를 충분히 한다.
- 무슨 일이든 미룰 것 같은 상황이 되면 '지금 할 수 없을까?'라고 자신에게 묻고, 미루는 습관을 없앤다.
- 바로 정리할 수 없을 때는 구체적인 날짜와 시간을 정한다.
- 수납 공간을 확보하기 위해 물건의 양을 줄인다.
- 실천하기 쉬운 '나만의 정리 규칙'을 직접 만든다.
- 한 곳을 정리하는 데 집중하는 '완결 습관'을 들인다.
- '물건을 버린다'에서 '물건으로부터 졸업한다'로 빌리프 노트를 고쳐 쓴다.
- 1분만이라도 정리는 매일 한다.

넓은 단독주택이 물건으로 압사 직전! 마음먹고 정리한 후 새 가족이 생겼습니다

다카코 씨 / 간토 거주
남편, 딸 3명(중1, 초5, 초1)
단독주택 · 4LDK

이전보다 넓은 단독주택을 지어 이사한 우리

그렇겠지

집이 많지만, 집도 넓어졌으니

금방 정리되겠지

1년 6개월 경과

보기 좋게 창고방이 됨

이사 전보다 물건이 점점 늘어나고 있어

당시는 코로나19 사태로 가족들이 재택근무와 온라인 수업

노트 펼 공간이 여기 밖에 없어요

엄마 중요한 ZOOM 미팅 중인데, 저쪽가서 하면 안돼?

집이 넓은데도 모두 거실로 집결

게다가 어질러지는 범위가 점점 확대되고 있었다

뭔가 빨리 손을 쓰지 않으면

전문가와 상담해보자!

이렇게 해서 수강을 결심했습니다

처음에는 료코 선생님의 격려조차 소극적으로 대응

정말로 내가 할 수 있을지 불안…

반드시 정리될 테니까!

아, 네…

그래도 아이를 재운 후 늦은 밤에 정리를 했습니다
오늘 밤엔 주방을 정리할까?
자…
다음날 아침
엄마, 좋은 아침!
잘 잤니! 그래? 엄마가 밤에 열심히 치웠어
주방이 어딘가 깨끗해졌네!
다음날 아침 가족의 반응에 쾌감을 느끼기 시작해 스피드 UP!
집이 깨끗해지니 자연히 가족들도 협조적으로
숙제 다했으니 정리할게!
고마워!
창고방도 해결되어
안녕하세요
어서 와
엄마, 친구랑 방에서 놀게!
갑자기 손님이 와도 당황하지 않게 되었습니다
가장 큰 변화는 새로운 가족을 데려와 쾌적하게 살고 있다는 것.
어질러진 집에서는 엄두도 못 내던 일이죠.
냐옹!
나도 안고 싶어
엄마한테 딱 붙어있네

다카코 씨의 방

새집으로 이사한 후에도 어질러진 상태가 점점 심해져 방은 창고 수준. 유아용 장난감과 초등학생용 학용품이 어지럽게 널려있어 엉망인 상태였습니다.

정리한 후에는 피로감이 줄었어요. 마음의 평온이 유지되어 하루하루 삶의 질이 달라졌답니다.

제3장

정리를 습관으로 만드는 성공 요령

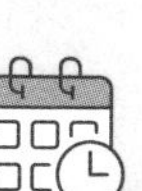

1초 수납 방식

좌절 없이 정리하는 순서

정리에 있어서 가장 중요한 것은 우선 '목적지'를 정하는 것입니다. 그 후 목적지까지의 '지도'를 손에 넣어야 하지요. 지도가 없으면 멀리 돌아가거나, 그 자리를 빙빙 맴돌거나, 최악의 경우 정반대 방향으로 걷다가 영원히 목적지에 도착하지 못할 수도 있습니다.

당신의 정리 목적지에 착실하게 다가가기 위해서는 먼저 올바른 지도를 구하세요. 그리고 지도를 보면서 직접 핸들을 잡고 엑셀을 밟아 앞으로 나가세요.

여기서 말하는 지도란 일종의 계획서 같은 것입니다. **최종 목적이 무엇이고, 그것을 위해 무엇이 필요하며, 어디서부터 손을 댈지 '순서'를 확실히 정해야 합니다.**

구체적으로 말하자면 '100시간 정리'입니다. 정리에 서툰 사람이 **어질러진 집 전체를 깨끗이 치우고 다시 정리하는 데**

필요한 시간은 개인차가 있겠지만 대략 100시간 전후입니다.

그것도 몇 년이 아니라 2개월 전후의 단기간에 100시간을 들여 정리를 마치는 것입니다. 그러기 위해 '1초 수납 학원'에서는 정리를 시작하기 전에 100시간 정리 계획표를 받고 있습니다.

"무슨 변덕에선지 오늘 갑자기 정리하고 싶은 마음이 드는 거예요. 해보니 뭔가 잘 되더라고요. 그래서 여세를 몰아 다음 날도 정리를 했죠. 3일만에 모두 정리됐어요. 이제 다 해결됐어요."라고 말씀하시는 분이 있는데, 애초에 기분에 따라 시작한 일이므로 3일 동안 정리할 수 있었던 것은 우연의 일치일 뿐입니다.

내일 갑자기 의욕을 잃어 그만둬버릴 수도 있고, 컨디션이 나빠져서 1주일간 쉬었더니 원래의 지저분했던 집으로 돌아가 버리는 경우도 있습니다. 그러므로 집 전체 정리를 확실히 끝내려면 기분에 따라 정리할 게 아니라 스케줄을 짜야 합니다.

100시간이라는 말을 듣고 깜짝 놀라는 분도 있겠지만, 사실 그다지 거창한 것이 아닙니다. '정리는 장기전'이라는 뜻이지요. 단거리 달리기식 정리는 요요현상을 불러옵니다.

집의 크기, 물건의 양, 작업의 속도 등 개인차는 있겠지만, 정리가 서툰 사람이 10시간, 20시간만에 집 전체를 정리하기는 불가능합니다. '100시간 정리'를 끝낸 사람들은 이구동성으로 "과거의 나는 정리에 걸리는 예상 시간을 너무 적게 잡았다"고 말합니다.

스케줄 표가 정리 달성의 열쇠

어떻게 목적지를 정할지에 대해서 말씀드리겠습니다. 정리를 시작하기 전에 먼저 스케줄 표를 작성합니다. 2개월치의 날짜를 적고 하루의 스케줄(오전 8시~새벽 1시)을 나눕니다. 그리고 매일 정리에 할애할 수 있는 시간을 정합니다.

100시간 동안 지저분한 집을 말끔히 치우는 이미지를 그리면서 실제 정리에 쓰이는 시간과 누계 시간, 그리고 어디를 정리할 것인지 장소를 적습니다.

하지만 정리가 서툴면 스케줄을 짜는 데도 알레르기를 일으키는 경우가 많습니다.

스케줄을 짜도 그대로 잘 지킨 적이 없으므로 '계획 자체를 세우고 싶지 않은 것'입니다. '스케줄을 지키지 못할 바에야 차라리 스케줄 같은 건 짜지 않는 게 낫지 않을까'라고 생각하는 사람에게는 '스케줄 표를 만들어 지키는 사람은 훌륭하고, 지키지 못하는 사람은 틀렸다', '무조건 지켜야 한다'라는 심리가 작용하고 있습니다.

100시간 정리 스케줄 표

날짜	11/2 금	11/3 토
15분 정리를 실천했다	○	○
정리 예정 시간	10:22 - 12:00	9:40 - 10:40
정리 예정 시간(합계)	2시간	1시간
정리 장소 및 할 일	세면실	현관
실제 정리한 시간	10:10 - 12:30	9:40 - 10:40
실제 정리한 시간 수	2시간 20분	1시간
누계 정리 시간 수	10시간 50분	11시간 50분
기분, 느낀 점, 생각	시작하니 불타올랐다!	열심히

하지만 스케줄 표는 스케줄을 지키기 위해 만드는 것이 아닙니다. **어디까지나 정리 목표를 달성하기 위한 '도구'에 불과하다는 인식을 가지세요.**

애초에 세운 스케줄대로 진행되는 일은 100% 없습니다. 본인이나 가족이 아플 수도 있고, 직장인이라면 갑자기 야근을 하게 될 수도 있지요.

중요한 것은 스케줄대로 진행하는 것이 아니라 '스케줄이 바뀌었을 때 어떻게 재조정하느냐' 입니다. 여기서 실력을 발휘해야 합니다.

핵심은 '스케줄을 지키느냐 지키지 않느냐'가 아니라 스케줄을 이용해 당신의 목적을 달성하는 것입니다. 스케줄 작성 과정을 생략하면 작심삼일을 반복하게 되고 평생 정리 곰손에서 벗어날 수 없습니다.

스케줄 표는 내비게이션과 비슷합니다. 내비게이션을 이용해도 길을 잘못 드는 경우가 있지요. 하지만 운전자가 조정해가며 목적지로 향하는 것입니다.

그럼 내비게이션은 필요 없는 것일까요? 그렇지 않습니다. 내비게이션 자체는 편리한 물건이므로 어떻게 사용하느냐가 중요합니다. 스케줄 표도 똑같습니다!

우선은 2개월 동안 100시간의 정리를 한다는 스케줄을 정하세요. 아무리 꼼꼼하게 계획을 세워도 계획은 계획. 바뀌는 게 당연합니다. 상황에 따라 조정하면서 '정리 달성'이라는 목표를 향해 나아가세요.

'나는 풀타임 직장인이라 어렵다'

'부모님 간병으로 시간을 낼 수 없다'

'육아로 눈코 뜰 새 없다! 아무리 해도…'라는 분도 있을 겁니다. 괜찮습니다.

2개월을 기본으로 잡은 것일 뿐 경우에 따라서는 3개월이나 4개월이라도 상관없습니다. 다만 무작정 오래 하는 건 좋지 않습니다. 집중해서 정리해야만 성과가 나옵니다.

대체 어디서부터 치워야 할까?

상담하러 온 많은 분들이 이구동성으로 "치워야 하는 건 알겠는데, 어디서부터 시작하면 좋을지 모르겠습니다"라고 말씀하십니다.

무엇부터 시작하면 좋을지 모르면 슬쩍 미루게 되는 것이 당연합니다. '오늘은 피곤해서', '오늘은 바빠서', '오늘은 더워서'라고 정리하지 않는 이유를 만들게 되고 이것이 쌓여갈수록 어디서부터 정리해야 할지 모를 '어질러진 방'의 범위가 점점 넓어집니다.

그렇다면 대체 어디서부터 정리를 시작하면 좋을까요? 정답은 '집의 좁은 곳부터'입니다. 모두가 거실부터 정리하고 싶어 하지만, 거실은 난이도가 가장 높은 곳입니다.

우선은 현관이나 화장실부터 정리하세요. 거실 정리는 노래로 말하자면 후렴구입니다. 현관이나 화장실 같은 인

트로부터 시작하시기 바랍니다.

현관이나 화장실부터 시작하는 이유는 면적이 좁아서 비교적 짧은 시간 안에 끝낼 수 있고 물건의 사용 목적이 분명한 장소이기 때문입니다. 화장실이나 현관에 두는 물건은 어느 집이나 대체로 정해져 있습니다. 화장실에 과자가 있거나 현관에 화장 도구가 있다면 '목적'에 어긋난다는 걸 분명히 알 수 있지요.

현관이나 화장실은 물건을 손에 들고 '이것은 어떻게 처리하면 좋을까'라고 망설일 일이 거의 없으며, 공간이 좁고 작업량이 적어 끝내기도 쉽습니다. 한 구역의 정리가 끝나면 성취감을 맛볼 수 있으므로 그 뒤로는 척척 진행됩니다.

정리를 못하는 사람 중에는 '완벽주의자'가 많다

아래와 같은 상황을 잠깐 상상해 보겠습니다.

A : 물건에 지배당하지 않고 매일 정돈된 상태를 유지할 수 있으며 가족에게도 웃는 얼굴로 대한다.

B : 필사적으로 방을 정리해도 깨끗한 상태를 유지하는 것은 그 순간뿐. 눈 깜짝할 사이에 정리하기 전의 상태로 되돌아가니 가족에게도 짜증을 내게 된다. 자신이 싫어지고 자기 긍정감이 급하락한다.

어느 쪽이 좋은지는 물어볼 필요도 없겠지요? 당연히 전자입니다. 만약 당신이 정리를 제대로 하고 있다면 방이 당연히 깔끔해야 합니다. 그런데 실제로는 '완벽주의'가 뜻밖의 '함정'이 되고 있다는 것을 아시는지요?

정리를 못하는 사람 중에는 '완벽주의자'가 많습니다. 제가 수강생들에게 "○○ 씨는 완벽주의 아니에요?"라고 물으면 "아뇨, 아뇨. 그렇지 않아요."라고 고개를 내젓습니다. 하지만 **아마 여러분이 머릿속에 그리고 있는 '정리된 방'은 대부분 SNS에서 보는 예쁜 방이나 인테리어 숍의 이미지일 것입니다.**

24시간 언제 보아도 한순간도 흐트러짐이 없고, 보이는 곳에는 물건이 일절 나와 있지 않은 상태라고 믿고 있는 것입니다.

SNS에서 본 완벽한 집이 100이라면 정리되지 않은 자신의 집은 0이라고 생각합니다. '거기에 미치지 못하는 나는 정리 센스가 없다'라고 빌리프 노트에 쓰여 있는 것입니다.

심지어 '100이 되지 못한다면 차라리 정리 자체를 하지 않겠다'고 생각해, 결국 집은 제로 상태(어질러진 집) 그대로 두게 되지요.

우선은 '완벽하게 마무리된 집이 아니면 정리되어 있다고 할 수 없다'는 완벽주의를 버리세요. 그러면 집 상태가 완벽한 상태, 즉 100이 아니어도 90이든 80이든 '충분히 고득점!'이라며 만족하게 됩니다.

완벽주의에서 벗어나면 집이 정리되기 시작하고 동시에 시야도 넓어져 자신과 가족에게 부드러워집니다. 이러한 상승효과에 "뜻밖에도 정리가 나 자신이나 가족과의 관계와도 연결되어 있다는 것을 알게 되었습니다. 예전에는 미처 몰랐던 사실입니다"라고 말하는 분도 있었습니다.

인스타 같은 SNS에 올라오는 모델하우스처럼 깨끗한 집을 목표로 삼으면 아무리 정리해도 "아니, 아직 멀었어……"라며 만족하지 못합니다. 계속 괴롭기만 할 뿐이죠. 80점, 90점이라도 "우리 집, 좋은데"라며 만족할 수 있는 집을 목표로 하세요.

1초 수납 방식

효율적으로 정리하는 법

정리를 못하는 사람은 왜 정리하는데 시간이 많이 걸리는 것일까요? 정리 곰손이었던 저는 인테리어와 멋진 집을 너무나 좋아하면서도 정리를 못한다는 콤플렉스로 40년 넘게 힘든 시간을 보냈습니다.

눈앞의 정리 안 된 방을 보고 '진짜로 원하는 건 이런 방이 아니야', '내가 좋아하는 집과는 거리가 너무 멀어'라며 이상과 현실의 차이를 느끼는 것은 매우 힘든 일이었습니다. 게다가 정리에 시간이 걸리는 것도 큰 스트레스였고, '정리에는 시간이 걸리는 법'이라고 굳게 믿고 있었습니다.

그런데 의문이 떠올랐습니다. '세상 사람들은 모두 이렇게 시간을 들여 정리하는 걸까?' '혹시 내가 비효율적으로 일하고 있는 건 아닐까?'라고.

당시 저의 정리는 '이것은 나중에 하자', '지금은 결정할 수가 없

어'라며 판단을 미루고 '보류'만 하고 있었습니다.

물건 하나를 치우는 데 '이제, 어떻게 하지?'라며 여러 번의 판단을 하고 있었던 것입니다. 만약 10개의 물건을 그대로 10군데의 원래 위치로 갖다 놓는다면 판단하는 수고는 10번. 하지만 10개 중 5개를 '이건 나중에 다시'라고 판단을 미뤄 버리면 판단하는 수고는 15번이 됩니다.

정리를 잘 못하는 많은 분들이 '미루기'를 많이 합니다. 예컨대 정리해야 할 일이 10개가 있다고 치면, 10개 중 2개는 그때 하지만 나머지 8개를 미룹니다.

아침에 해야 할 일 10개 중 2개만 처리하고 나머지 8개는 낮에 할 생각이었지만 귀찮아서 미루게 됩니다. 미룬 8개를 저녁에 하려고 했으나 역시 귀찮아서 밤으로 미루다가 결국 '하지 않기'를 매일 반복합니다.

게다가 미루는 사이 점심에 새로 할 일이 5개 생기고, 밤에는 밤대로 새로 5개의 할 일이 생기면 미뤘던 8개와 합쳐 18개까지 늘어나게 됩니다.

할 일이 늘어나는 것보다 더 무서운 건 '해야지'라고 생각하면서도 못 했다고 자책하는 횟수가 많아지는 것. 이 '못 했다'는 마이너스 감정이 스트레스가 되어 마음을 갉아먹습니다.

하루에 몇 번씩 '해야지… 그런데 잘 안 돼.'를 반복하면 그때마다 뇌에 부하가 걸린다는 사실을 아시나요? 미루면 해야 할 일의 수도 늘어나지만, 마음과 뇌의 피로도 '눈덩이처럼' 커집니다.

뇌에 가해지는 부담의 강도가 약하더라도 여러 개가 쌓이면 마음을 좀먹고 그로 인해 점점 자신감을 잃게 됩니다.

정리가 잘 되면 뇌에 가해지는 부담감이 사라집니다. 그러니 정리 곰손을 극복한 사람이 순식간에 건강해지는 이유를 아시겠지요?

매일 15분 리셋 정리

무의식적으로 미루게 되는 분들에게 추천하는 것이 15분의 '리셋 정리'입니다. **리셋 정리란 '일하다 만 것, 마시다 만 것, 널브러져 있는 것, 벗어둔 것'처럼 '방치된' 물건을 수납하는 것입니다.** 저는 이것을 '방치물 순찰'이라고 부르기도 합니다.

이 정의에 따르면 설거지를 하거나 빨래를 개는 것은 '정리'가 아니라 '집안일'의 범주에 들고, 대대적인 정리도 '리셋 정리'가 아닙니다.

'리셋 정리'를 할 때 중요한 것은 타이머를 사용하는 것, 그리고 정리하는 시간을 정하는 것입니다. 아침 일찍 일어나는 사람이라면 아침이 좋을 것이고, 잠들기 전에 차분하게 할 수 있어 좋다는 사람도 있습니다. 가족이 없는 낮에 하는 것을 좋아하는 등 타이밍은 사람마다 다릅니다.

가장 중요한 것은 '매일 하는 것'. '헉! 매일!?'이라고 놀라셨나요? 하지만 월수토 일주일에 3일 정리하자고 정해 두면 '오늘은 하는 날이었나 안 하는 날이었나'라고 생각하게 됩니다.

모처럼 의욕이 생겼는데 "오늘은 안 하는 날이었지."라는 상황이 되면 의욕이 꺾이고 말지요.

매일 하는 게 힘들 것 같지만 '할까 말까'를 판단할 필요가 없기 때문에 매일 하는 것이 사실은 지속하기 더 쉽습니다.

정리할 때 간과해서는 안 되는 중요한 점은 정리하는 목적을 확실히 하고 '제한 시간을 두고 정리하는 것'입니다. 제한 시간이 없으면 영원히 정리하는 것 같은 기분이 들어 '힘들다, 싫다, 하기 싫다……'라며 열심히 하지 않게 됩니다.

반대로 '15분만 해보자'고 하면 하기 싫어도 시작할 수 있게 됩니다.

15분 리셋 정리 매뉴얼

① 주방 타이머로 15분 설정

② 15분간 정리 이외의 일은 하지 않겠다고 맹세한다 (※중요)

③ 15분간 아무 생각 없이 정리하기!

④ 더 내킨다면 몇 세트 반복해도 OK

매일 정한 시간과 타이밍에 실시한다
(즉흥적으로 행동하지 않는다. 매일 꾸준히)
출근하는 날, 그렇지 않은 날 등 몇 가지 패턴을 만드는 것도 좋다!
스마트폰 말고 주방 타이머를 추천
(스마트폰의 유혹에 빠지지 않기 위해)
마음이 내키지 않아도 우선은 15분만 해 본다
(의외로 누구나 쉽게 할 수 있다!)
물건을 원래 있던 장소로 돌려놓는 '리셋 정리'에 전념한다

집안의 물건을 줄인다

정리를 잘하는 사람은 필요 없는 물건을 망설임 없이 버립니다. 하지만 이 책을 읽고 있는 당신은 '필요 없는 것이니 버리자'고 생각하시나요?

필요 없는 물건을 '버릴 수 있는지, 버릴 수 없는지' 나누는 것은 당신의 성격이 아닙니다. 당신의 '버림'에 대한 생각이 빌리프 노트에 어떻게 새겨져 있는가에 따라 결정됩니다.

수십 년 동안 그 생각으로 살아왔기 때문에 갑자기 싹 바꿀 수 없다는 것도 충분히 이해합니다. 정리를 못하는 사람들 입장에서 볼 때, 거의 쓰지 않은 깨끗한 물건을 버리는 건 번지 점프에 도전하는 것과 맞먹는 엄청난 용기가 필요한 일입니다.

'아직 깨끗하고 망가지지 않았지만 쓰지 않는 물건', '언젠가 쓸지도 모를 물건'을 버리기 위해서는 당신이 정말로 '필요 없다'고 납득하고 '자기 손'으로 버려야 합니다.

다이어트를 할 때도 먹는 것을 참는 다이어트는 금방 요요가 오는 것처럼 납득하지 못한 상태에서 타인에게 "어쨌

든 버려!"라는 말을 듣고 마지못해 하는 정리는 반드시 이전 상태로 돌아가게 되어 있습니다.

핵심은 집 안의 물건 수를 다이어트와 마찬가지로 '건강하게' 줄여가는 것입니다. 그러기 위해서는 우선 당신이 어떤 일에 '편견'을 가지고 있는지 '아는' 것이 중요합니다.

정돈된 집을 만들기 위한 철칙은 '수납 가능한 양만 소유하는 것'. 그 이상의 물건을 가지면 안 된다고 생각하는 것이 기본입니다. 정리를 못하는 사람은 '사용하는 물건은 안에 넣지 않고 꺼내놓는 게 편리하다', '수납이란 언젠가 사용할 물건을 소중히 보관하는 것이다'라고 생각합니다.

평소에 사용하는 물건을 '안에 넣어두면 쓰기 힘들지 않나?'라고 생각하시나요? 쓰기 힘든 곳에 넣으니까 불편한 것입니다. '꺼내기 쉽고 넣기 쉬운 곳'에 수납하는 것이 중요한 포인트입니다.

수납 장소에도 우선순위가 있습니다. 예컨대 창고나 수납장 안쪽은 수납 장소로는 상당히 낮은 순위에 해당합니다. 식사 때마다 매번 사용하는 젓가락을 수납장 안쪽에 넣지는 않지요. **'수납하는 장소'와 '사용 빈도'를 물건 하나하나 신중하게 매칭시키는 것이 중요합니다.**

많은 사람이 '하나하나 신중하게'라는 점에서 '아! 귀찮아!'라며 못 견뎌 합니다. 그래서 '일단 여기에 넣어두자'고 하게 됩니다. 하지만 이것이야말로 가장 해서는 안 되는 일! **'일단 여기에 넣어두자'라며 넣은 물건은 나중에 어디에 넣었는지 알 수가 없습니다.**

'일단'이란 단어는 언뜻 듣기 쉽고 쓰기 쉬운 말이지만 1초 수납에서는 '귀찮다'와 함께 금기어입니다. **'일단'이 아니라 시간을 들여 물건을 제대로 살펴본 후에 신중하게 수납 장소를 정하세요.**

주방 수납 사례

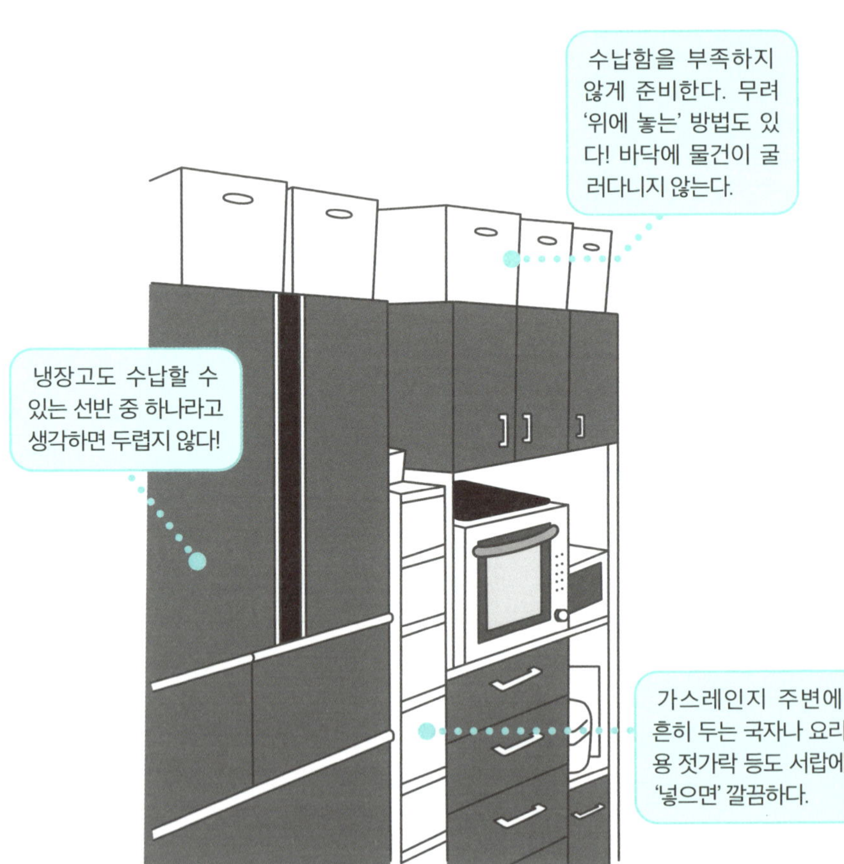
수납함을 부족하지 않게 준비한다. 무려 '위에 놓는' 방법도 있다! 바닥에 물건이 굴러다니지 않는다.
냉장고도 수납할 수 있는 선반 중 하나라고 생각하면 두렵지 않다!
가스레인지 주변에 흔히 두는 국자나 요리용 젓가락 등도 서랍에 '넣으면' 깔끔하다.

옷장 수납 사례

선반 널을 늘려 수납
량이 많아짐!
우리 집 이불은
몇 채가 필요할
까? '많으면…'이
아니라 수면 상황
을 구체적으로 고
려해 정한다.
옷은 엄선
한 것들로만.
어떤 것을 입
든 스스로 자
신감을 갖는
것이 중요

이런 작업을 하면 여태껏 살면서 평소 쓰지 않던 뇌를 사용하게 되므로 피곤하고 도망치고 싶어집니다. 하지만 정리에 있어서 '일단'이라는 말은 생각을 회피하고 싶은 마음을 조금 멋있게 들리도록 표현한 것에 지나지 않습니다. 생각을 포기하는 것과 같다는 사실을 잊지 마세요.

'한 차례 물건을 버리고 나서 정리할 것인가, 아니면 정리를 한 후에 수납하지 못한 물건을 버릴 것인가'를 망설이는 분들이 있습니다. **필요 없는 물건을 전부 버려 미니멀한 상태로 만든 후에 수납할 장소를 생각하세요.**

극단적인 예로, 물건 만 개를 수납하는 것보다는 10개를 수납하는 게 훨씬 간단하겠죠? **"수납을 잘 못하겠습니다."라고 말하는 분에게 "물건을 더 줄일 수 있습니까?"라고 물으면 "줄일 수 있습니다."라고 대답합니다. 요컨대, 여러분이 수납 전에 '물건을 버리는 방식이 너무 안일하다'는 것입니다.**

버릴 때는 서랍 속 물건을 전부 꺼내 바닥에 펼쳐놓은 후 취사선택을 하게 되는데, 많은 분이 이 '전부 꺼내기'를 싫어하는 경향이 있습니다. '전부 꺼내는 건 너무 귀찮아!'라는 귀차니즘 때문이거나, 과거에 다 꺼내 봤는데 결국 많이 버리지도 못하고 대부분의 물건을 원래 자리에 다시 넣었던 경험이 있기 때문입니다. 과거의 쓰라린 기억 때문에 '더는 하고 싶지 않다'고 생각하는 사람이 많은데, 저는 '정리에 한 걸음 더 깊이 다가가 보라'고 말씀드리고 싶습니다.

핵심은 반드시 '완료'하는 것. 그러기 위해서는 '전부 꺼내기'도 앞서 설명한 것처럼 현관과 화장실처럼 좁은 곳, 작은 공간부터 시도하세요.

여기서 주의해야 할 점은 '단위'입니다. 흔히 "정리는 서랍 한 칸부터 시작하세요"라고 말하는 정리책이 있습니다. 하지만 정리 때문에 고민이 깊은 분의 경우, 그런 속도로는 집 전체가 다 깨끗해지려면 언제가 될지 모릅니다.

가구 단위, 요컨대 7칸짜리 서랍장의 경우 한 칸만 할 게 아니라 7칸 모두 하는 겁니다. 그런 식으로 조금 더 대담하게 하는 것이 성공의 포인트입니다.

물건을 버리는 데 거부감을 느끼는 사람들이 흔히 하는 말이 '버리지 않고 기부를 하면 세상 누군가에게 도움이 된다'는 것입니다. 또는 '10원이라도 손해 보고 싶지 않다'는 생각에 '중고 앱을 이용해 팔고 싶다'는 분도 적지 않습니다. 하지만 **설령 중고 앱에 내놓더라도 그 물건이 팔린다는 보장이 없습니다. 팔릴 때까지 가지고 있어야 하므로 물건을 다 팔 때까지 쓸데없는 물건에 파묻혀 살게 됩니다.**

중고 앱에 내놓지 않고 기부를 하고 싶다면 얼른 하세요. 오래 가지고 있지 말고 하루라도 빨리 처분하세요.

버리지 못하는 사람은 물건을 대하는 법부터 바꿔야 합니다. **'수납할 수 있는 양보다 많은 물건은 가지지 않는 것'이 가장 중요합니다.** 물건에 얽매이는 생활을 졸업하고 정리 곰손을 극복하여 내가 정말로 원하는 새로운 단계로 나아가겠다는 독한 마음을 가지세요.

'일단 남겨 두자', '일단 여기에 넣어 두자' 처럼 '일단'이라는 말 뒤에 숨지 말고 스스로 결단을 내리려 노력하는 마음을 갖는 것이 중요합니다.

1초 수납 방식

소중히 '보관'하지 말고 소중히 '사용'하라

여러분에게 '물건을 소중히 한다'는 건 어떤 것인가요? 화장품 샘플이나 일회용 칫솔, 편의점에서 받은 나무젓가락이나 숟가락 같은 것을 '언젠가 쓰자'는 생각으로 서랍 안에 쌓아두는 것인가요?

정리 곰손이던 시절, 잔뜩 어질러진 세면실 정리를 마지못해 하고 있었을 때의 일입니다. 서랍 안쪽에서 화장품 샘플을 발견하고는, '여행갈 때 쓰자'는 생각으로 다시 안쪽 자리에 두었습니다.

그로부터 몇 년 후의 어느 날, 그 화장품 샘플을 열어보고 깜짝 놀랐습니다. 성분이 분리되어 더 이상 사용할 수 없는 상태가 되어 있었습니다. 언젠가 쓰려고 '소중히 간직'했는데! 충격이었습니다.

결국 몇 년 동안이나 쓰지도 않고 세면실 서랍 안에서 사장시키고 있었던 것입니다. 여행 준비를 할 때 말고는 세면실 서랍 안쪽에 샘플이 있다는 걸 잊고 지냅니다. '결국 쓰지도 않는 물건을 소중히 간직하느라 지금 쓰는 물건의 자리를 빼앗는 꼴'이 됩니다. 너무 아까운 일 아닌가요?

'언젠가 쓸지 몰라' 보다 '지금 당장 쓰기'

그렇다면 정리의 달인은 화장품 샘플을 어떻게 대하는지 알려 드리겠습니다. **바로 '받은 그날 당장 씁니다'**. '언젠가 사용하자'하고 집어넣으면 그걸로 끝입니다. 몇 년 후 저처럼 분리된 미용액과 재회하게 됩니다.

바로 쓰면 이전에 써 보지 않았던 신제품을 경험할 수 있고 새로운 기쁨을 만날 수 있습니다. '언젠가 쓸지 몰라교(敎)'의 신자였을 때는 몰랐던 기쁨입니다. '나를 대접하고 있다', '나를 기쁘게 하고 있다'는 행복한 기분이 듭니다.

만약 당신이 '언젠가 쓸지 몰라교'의 신자라면 **'받은 화장품 샘플은 오늘 사용한다'는 새로운 미션을 즐겨보세요.** 화장품도 식품도 신선할 때 즐겨야 하는 법입니다. 오래된 물건을 불안에 떨며 사용하다가는 당신의 마음도 오그라들어 버릴 테니까요.

1초 수납 방식

연말 대청소가 우울한 당신에게

제 경험을 말씀드리자면, 정리를 할 수 있게 된 후부터 청소하는 빈도가 압도적으로 높아졌습니다. 지금이야 청소를 매일 하게 되었지만, 정리를 잘하지 못하던 때는 청소도 싫어했습니다. 청소기도 일주일에 두 번 돌리면 그나마 다행이었습니다.

물건으로 넘쳐나는 창고방을 청소하기는커녕 아무렇지 않게 몇 달 동안 방치했습니다. '이 더러운 방을 어떡하지' 라고 항상 찜찜해하면서도 사고는 정지 상태. 어떻게 해야 할지 몰랐습니다.

하지만 정리가 되면 물건으로 가득 찼던 방이 텅 비기 때문에 바닥의 쓰레기가 눈에 거슬리고 그제야 겨우 청소할 마음이 생깁니다. 바닥에 물건이 없으면 청소기를 돌릴 때도 스트레스를 받지 않습니다.

로봇 청소기가 있는 사람은 스위치만 켜면 바닥 청소 완

료. 로봇 청소기가 있어도 정리가 안 된 탓에 결국 쓸 기회를 얻지 못했던 과거와도 이제 이별입니다.

정리와 청소에 대한 스트레스가 사라지면 평소에 부지런히 청소하게 됩니다. 가스레인지 주변에 튄 기름을 재빨리 닦게 되고 창문 청소도 편하게 할 수 있습니다.

그러면 어떤 일이 생길까요? 연말이나 초봄에 대청소랍시고 힘들여 청소할 곳이 줄어듭니다.

평소에 정리를 잘 해두면 청소가 쉬워져 청소를 더 부지런히 하게 됩니다. 그러면 연말 대청소가 놀라우리만치 편해지죠. 친척이 와도 친구가 와도 스트레스를 받지 않고, 오히려 모두에게 정돈된 집을 보여주고 싶어집니다.

대청소는 바쁜 연말연시보다 따뜻한 봄에

일본에서는 연말에 대청소를 하는 것이 일반적인데, 이것은 궁중에서 연말에 천장 그을음을 털어내던 관습을 따르던 것이라고 합니다. 한 해 동안의 더러움을 털어내 집안을 청결히 하고 대문에 소나무와 금줄을 장식하여 도시카미님(1월 1일에 제사하는 풍작을 관장하는 신-옮긴이)을 맞이한다는 의미가 있습니다.

하지만 한겨울에 창문이나 문을 활짝 열어둔다거나 12월에 새시 등을 물청소하는 건 매우 힘든 일입니다. 대청소를 하면서 식사 준비도 해야 합니다.

더욱이 설 음식을 위한 장보기, 설 음식 만들기를 비롯해 여러 가지 집안일을 병행해야 하기 때문에 주부는 혼자서 엄청나게 마음이 분주합니다. 여러분은 어떠신가요?

저는 연말연시를 준비할 때 연말 청소는 가볍게 기분 좋아질 정도로만 합니다.

서양에서는 '스프링 클리닝'이라고 해서 3월에 대청소를 하는 습관이 있습니다. 해도 길어지고 창문의 더러움이 눈에 잘 띄기 때문에 그 타이밍에 하는 것 같습니다.

하지만 일본의 3월과 4월은 아직 쌀쌀하기 때문에 **대청소를 하기에 가장 좋은 타이밍은 골든위크라고 불리는 5월의 연휴 기간입니다. 그 무렵이면 기온도 오르고 날씨가 좋아 야외 작업이나 물청소도 힘들지 않으므로 즐겁게 할 수 있습니다.**

그다지 덥지도 않고 습도가 낮아 공기도 건조하기 때문에 기분 좋게 청소할 수 있습니다.

골든위크 초반에 집안을 구석구석 깨끗이 치우고 후반에 친구나 친한 지인을 초대해 홈파티를 여는 것도 즐겁습니다. 아니면 후반에 여행을 갔다가 집으로 돌아왔을 때 '집이 깨끗하다!'는 기쁨도 만끽할 수 있습니다.

연말 대청소가 귀찮게 느껴진다면 모쪼록 골든위크에 한번 해 보세요.

Check List

100시간(2개월 기준)을 들여
집 전체를 정리한다

'100시간 정리' 스케줄표를 작성한다

현관이나 화장실 등 좁은 공간부터 정리를 시작한다

판단하는 횟수를 불필요하게 늘리는 '보류'를 멈춘다

하루 일과에 '15분 리셋 정리'를 넣는다

물건의 수납 장소는 시간을 들여서라도 스스로 꼼꼼
히 생각한다

소중한 물건은 안에 보관하지 말고 소중히 쓴다

대청소를 연말이 아니라 5월 연휴 기간에 해 본다

꼼꼼한 남편과 정반대인 나. 정리 곰손을 극복했더니 사이가 좋아졌습니다

토시코 씨 / 추부 거주
남편, 아들 2명(중3, 중1), 딸(초1)
남편의 본가 · 4LDK

남편은 정리정돈을 잘 하는 사람

좋아

반면에 나는 정리정돈을 못해서
늘 물건 찾기에 바쁘다

어디 있지?

시간 다 됐어.
아직 준비
안 됐어?

미안해.
핸드폰을
못 찾아서……

물건이 없어지면 가장 먼저 의심을 받는
사람은 언제나 나였습니다

차 키가 없어!
어디다 뒀는지
기억 안 나?

엇……
나 최근엔
안 탔는데……
어디 뒀더라?

…

자, 가자.

아, 있다.
주머니에
들어 있었어.

남편은 전근이 잦아서
2~3년마다 이사를 하는데

10년 넘게 짐을 풀지 않은
상자도 7~8개 방치 중.

처음에는 상냥했던 남편도 행동으로 옮기지 않는 나에게 짜증이 나서 말투가 점점 강해졌다.
다녀왔어
또 어질러져 있네. 정리 좀 해!
앗, 미안. 내일 깨끗이 치울 게
'나를 바꾸고 싶다'는 생각에 남편의 반대를 무릅쓰고 SNS에서 발견한 료코 선생님의 강좌를 신청했습니다
몇 개월 강좌로 바뀔 리가 없잖아!
10년 동안이나 내가 계속 말해도 안 됐는데
그래도 해 보고 싶어
1초 수납의 '15분 정리'를 실천했더니 하루 만에 상자 5개를 정리할 수 있었다.
10년 동안 함께 했던…
열지 않은 상자가 하루 만에 없어졌어!
엄마, 굉장해!
정리를 시작했더니 집안이 점점 깨끗해졌다.
내가 '정리를 못하는'게 아니었어.
정리 방법을 몰랐던 것 뿐이야.
감~동
정돈된 상태를 유지하니 물건 찾느라 낭비하는 시간이 줄었다
OK!
그럼 나가자!
준비 됐으니까 언제든 나갈 수 있어!
집이 깨끗해져 집안 분위기도 좋아졌습니다

토시코 씨의 방

아이가 생기니
물건이 많아져 돌려막기식으로
집안일을 하기에 급급했어요.
쫓기듯이 정리하고 다시
어질러지기를 반복하면서
이러지도 저러지도
못하는 상태였죠.

정리를 하게 되자
집안이 조금씩 달라졌습니다.
새로운 세상에
눈뜬 것 같은
느낌이었어요.

제4장

인생이 술술 풀리는 정리의 마법

1초 수납 방식

정리를 하면 일도 가정도 육아도 잘 풀린다

'정리를 하면 일도 가정도 육아도 모두 잘 풀린다'는 데는 이유가 있습니다. 정리를 못하는 분이라면 직장이나 외출에서 지친 몸을 이끌고 집으로 돌아와 어질러진 방을 보는 순간, '아, 정리해야 하는데'라며 한층 더 피곤을 느끼는 경우가 많습니다.

정리를 잘하게 되면 매일 느끼게 되는 그런 쓸데없는 압박에서 해방됩니다.

아이에게는 '정리하라'고 말하면서, 정작 자신은 정리 방법을 잘 모르는 사람도 많은 것 같습니다. 구체적으로 무엇을 어떻게 정리하면 좋은지 아이에게 설명하지 못해 답답해하는 경우도 많습니다.

정리를 못하는 부모로부터 혼나는 아이의 기분을 한 번 생각해보세요. '불합리하다고 생각하겠지'라는 생각이 들

어 마음이 어두워지는 분도 있을 테지요. 아이에게 '매일 정리하라'고 잔소리해대도 집 안은 변하는 게 없고, 에너지 낭비만 하고 있는 부모들도 적지 않을 것입니다.

아이에게 정리를 가르치며 부모도 성장

하지만 **엄마나 아빠가 정리를 잘하게 되면 아이에게 정리의 실전 기술을 가르칠 수 있고, 아이에게 정리를 가르칠수록 자신도 정리를 더 잘하게 됩니다.**

지금까지 공부나 동아리 활동, 업무 등에서 주위 사람들에게 무언가를 가르치면서 자신도 더 깊이 이해하게 되거나 기술이 향상되는 것을 체감한 적이 많을 것입니다.

누군가에게 아웃풋 하는 행위를 통해 본인의 이해가 더욱 깊어지고, 주변에서도 당신의 생각을 이해하게 되므로 점점 더 활동하기 편해집니다.

집이 깨끗해지면 배우자에게 잔소리를 듣거나 반대로 짜증을 내는 빈도가 줄기 때문에 이전보다 부부 사이가 좋아진다는 말을 주변에서 많이 듣게 되었습니다.

정리를 잘하게 되면 청소하기도 편해지므로 청결을 항상 유지할 수 있습니다. 가족에게 매일 '정리하라'고 말하면서도 정작 '어질러져 있는 것은 전부 내 물건뿐'이던 모순된 상황도 더는 생기지 않습니다.

미용과 다이어트에 특효약인 정리

정리 때문에 고민 중인 당신은 지금 셀카 사진이나 자신이 담긴 동영상을 찬찬히 들여다볼 수 있나요? '싫다'는 생각이 든다면, 스스로에 대한 자신감을 잃어버린 게 아닌지 살펴봐야 합니다.

마찬가지로 집을 사진으로 찍어서 본 적이 있나요? 집을 직접 보는 것과 달리 사진으로 보면 좀 더 객관적으로 볼 수 있기 때문에 '사람들에게는 이렇게 보였겠구나'라고 흠칫할 때가 있습니다.

이와 마찬가지로 매일 보고 있으면 지저분한 집도 어느새 익숙한 풍경이 되어버립니다. 그리고 자신의 얼굴까지도 그 어질러진 풍경과 닮아간다는 사실을 알고 있는지요?

'정리'를 하면 살이 빠지고 예뻐진다는 말을 들어본 적이 있을 겁니다. 거기에는 이유가 있습니다.

첫 번째 이유는 **집을 치울 때 필연적으로 운동량이 늘어난다**

는 점입니다. 열심히 몸을 움직이므로 헬스장에 다니지 않아도 칼로리를 소비할 수 있고 방도 깨끗해지니 일석이조입니다.

'미루기'를 극복하면 만사형통

당신이 미루고 있는 일은 아마도 '펜을 사용한 후 연필꽂이에 다시 꽂는다', '읽은 책을 책장에 다시 꽂는다', '바닥에 떨어져 있는 물건을 줍는다' 같은 사소한 일일 것입니다.

그동안 '이 정도쯤이야 나중에도 할 수 있으니까, 지금 안 해도 돼'라며 미루던 일들을 눈에 띌 때마다 치워보세요. 이 습관만 들여도 집안을 많이 돌아다니게 되므로 좋은 운동이 됩니다.

정리를 할 때 '귀찮아서 미루는' 마인드와 다이어트를 할 때 '식사 제한도 운동도 귀찮다. 내일부터 하자'는 마인드는 그 뿌리가 같습니다. 그러므로 정리를 통해 마인드 컨트롤을 하면 다이어트에 성공할 확률이 높아집니다.

그리고 두 번째는 **무엇을 얼마나 가지고 있으면 생활할 수 있는지를 파악할 수 있다는 점입니다**. 특히 식품이 그렇습니다. 간식은 있으면 있는 만큼 먹게 되고, 필요 이상의 식량이 있으면 그만큼 '많이 만들고 많이 먹게' 됩니다. 인간은 '많이 있다'고 생각하면 실제로 필요한 양의 1.5배를 소비하게 된다고 하니 주의하시기 바랍니다.

1초 수납 방식을 통해 집뿐만 아니라 몸도 마음도 점점 건강해지는 많은 분의 변화를 지금까지 제 눈으로 계속 보아왔습니다. 그렇기에 '몸과 마음의 건강'은 누구에게나 일어날 수 있는 변화라고 생각합니다.

'정리를 잘하는 사람들은 특별한 사람들이야'라든가 '나야 이미 ○○살이니, 별수 없지'라며 포기하지는 않았나요? 저도, 정리를 잘하게 된 다른 사람들도 모두 평범한 사람들입니다. 나이도 상관없고 특출한 능력이 있는 것도 아닙니다. **정리를 잘하게 된 사람들의 공통점은 '정리를 잘하고 싶다'는 마음이 강하고 배운대로 행동했다는 것이었습니다.**

미용도 정리도 스스로 마음을 강하게 먹고 한 걸음을 내디딘다면 당신에게 아름다운 변화를 가져다줍니다.

실제로 정리를 잘하게 된 분들은 '얼굴'이 바뀝니다. 정리를 통해 마음속에 있던 찜찜함을 해소하고, '지금 당장 하는' 게 당연해지고, 가족과도 원만해지니 얼굴이 변하지 않는 게 오히려 이상합니다.

'○○씨, 얼굴에 빛이 나네!'라고 항상 생각합니다.

정리하면 돈이 모인다는 게 정말일까?

'정리를 하면 돈이 모인다'는 말이 있습니다. '정리를 하면 운이 좋아지기 때문'이라는 뜬구름 같은 얘기가 아니라 명확한 이유가 있습니다. 돈과 정리에는 공통점도 많습니다.

우선, 목표나 목적을 정하지 않고 시작하는 정리는 어떤 결과에도 이르지 못하고 그저 힘든 작업이 될 뿐이라는 것. 돈도 목표나 목적 없이 모으거나 쓰는 것은 단순한 고행이고 낭비입니다. 들어오는 돈, 즉 수입에 대해 생각하고, 목표를 세워 저축하고, 확실한 목적을 가지고 사용하면 자연스럽게 돈을 모을 수 있습니다.

물건을 처분할 때 어떤 형태로든 팔고 싶어 하는 분이 많습니다. 10원이라도 손해 보는 것은 싫어하면서 '가계부를 쓰지 않는' 분도 의외로 많습니다. 가계부를 계속 쓰지 못하는 것도 가계부 쓰기를 미루기 때문입니다.

정리에 서툰 많은 분들이 가계부를 쓰지 않는 데 대한 콤플렉스를 가지고 있습니다. '언젠가는 써야지'라고 생각하면서 많은 양의 영수증을 보관하고 있지요.

가계부는 가계 관리를 위한 하나의 도구일 뿐인데, 가계부를 쓰는 것이 목적이 된 사람이 굉장히 많습니다. 이것은 정리와도 일맥상통합니다.

가계부를 못 쓰는 것은 '무엇 때문에 가계부를 쓰느냐'는 목적이 명확하지 않기 때문입니다. 돈을 모으고 싶어 하면서 '무엇을 위해 저축하는가'라는 관점이 빠져 있는 거죠.

이것은 집을 깨끗이 치우고 싶다, 깔끔하게 정리된 집에서 살고 싶다는 꿈이 있는데 '아니야, 이건 아직 쓸 수 있으니까'라며 버리지 못하는 것과 같습니다.

정리를 시작한 후 힘든 일이 있더라도 '○○을 위해 정리를 시작했지'라며 처음의 목적을 떠올림으로써 스스로 일어서고 극복하는 사람들을 지금까지 많이 봐 왔습니다.

중요한 것은 목표도 목적도 '스스로' 확실하게 정하는 것. '일반적으로 이러는 게 보통이니까'라는 마인드로는 순식간에

길을 잃게 됩니다. 물건을 처분할 때 필요 없는 물건을 중고 사이트에 팔려고 하거나 양도자를 필사적으로 찾는 것이 사실 나쁜 것은 아닙니다.

하지만 이것이 물건을 떠나보내는 데 따르는 고통을 조금이라도 회피하려는 행동이라는 점은 알아두세요. 물건을 파는 것 자체가 나쁜 것은 아닙니다.

정리도 돈도 관리를 잘하려면 경험과 실패를 반복해봐야 합니다. 하지만 유감스럽게도 작은 실패가 두려워 도전하지 않는 사람이 많습니다.

'집을 치우면 돈을 모을 수 있다'는 이야기에서는 '활동에 필요한 에너지를 충전할 수 있는 집인지'도 주목해야 할 포인트입니다. 열심히 일하느라 지친 머리와 몸을 리셋할 수 있는 집이라면 몸과 마음을 쉴 수 있을 테니 다음날도 당신과 가족이 힘을 낼 수 있습니다.

정리정돈이 잘 된 집에 살면 그동안 물건을 찾느라 제시간에 나가지 못해 아슬아슬하게 지각했던 당신(혹은 가족)도 지각하지 않고 출근할 수 있습니다. 책을 읽거나 취미 혹은 자기계발을 위한 시간을 만들 수도 있지요.

또한 정신적인 여유가 생겨 직장에서의 인간관계에도 좋은 영향을 미치고 신뢰도가 높아지게 됩니다. 직장에서 신뢰를 얻게 되면 희망했던 일을 맡게 되고, 성과를 내게 되고, 승진하거나 연봉이 오르는 일이 정말로 일어납니다.

집이 정리되면 돈에 관한 고민도 해결된다는 말, 정말 근거있는 이야기입니다.

사례 1

발 디딜 틈 없었던 집을 정리해 바닥이 보이는 일상으로

A씨의 고민은 바닥에 물건을 두게 된다는 것이었습니다. 정리 책이 바닥에 굴러다닌 적도 있다고 합니다(웃음). 물건을 바닥에 두면 물건이 물건을 부르고, 정신을 차려보면 어느새 발 디딜 틈 없는 지경에 이릅니다. 이런 경험은 정리를 못하는 사람에게는 흔히 있는 일이지요.

저는 '물건이 물건을 부르는 현상'을 '마그넷 현상'이라고 부르는데, 바닥뿐만 아니라 주방 카운터와 식탁 위도 마그넷 현상의 온상지입니다.

A씨는 찬장 앞에도 짐이 있어 문을 열기 어려웠습니다. 간신히 열린 찬장 문 사이로 손을 억지로 넣어 잔을 꺼내려다 깨뜨린 적도 있다고 합니다.

외출할 때도 가지고 나가려던 물건을 여기저기 찾느라 집을 나서기까지 시간이 오래 걸렸고, 약속 시간에 항상 아슬아슬하게 도착하기 일쑤였습니다. 이런 일이 다반사였던 A씨는 '시간에 여유를 갖고 준비할 수 있는 사람이 되고 싶다'고 생각했던 것입니다.

깨뜨리지 않아도 되는 유리잔을 깨뜨리고, 빨리 나가고 싶은데 물건을 찾느라 시간을 빼앗겨 좀처럼 집을 나서기 어려웠습니다.

그런 사소한 스트레스를 안고 있던 A씨는 저를 만나기 전까지 "나는 정리를 원래 못하니까, 별수 없지."라며 포기하고 있었습니다.

발 디딜 틈 없을 정도로 어질러진 상태를 보는 것도 어느새 일상이 되어 감각이 마비되어 버린 것 같았습니다.

하지만 사소한 스트레스는 사실 굉장히 무서운 것입니다. 한 방울의 물이 커다란 바위에 구멍을 내듯 일상의 사소한 스트레스가 당신의 정신을 조금씩 갉아먹습니다.

결코 과장된 이야기가 아닙니다. 현실에서 자주 일어나는 일이므로 이 말을 듣고 깜짝 놀랐다면 조심하셔야 합니다.

A씨가 '사실은 사소한 스트레스가 많았다'는 것을 깨달아서 정말 다행이라고 생각합니다. 눈에 보이지 않고 자신에게만 느껴지는 '스트레스'야말로 무서운 것이니까요.

정리를 할 수 있게 된 A씨는 지금껏 정리에 서툴러 고민

했던 사람이라고는 생각할 수 없을 정도로 현재는 자신감에 넘쳐 마음 편히 생활하고 있습니다. 마지막 수업 때 A씨는 "나도 정리정돈을 잘할 수 있다는 자신감을 갖게 된 것이 가장 큰 선물이었습니다."라고 말했습니다.

정리를 통해 습득한 판단력과 높아진 자기 긍정감 등을 업무에도 응용해 활기차게 생활하고 있습니다.

사례 2

'완고함'이라는 갑옷을 벗자

물건을 처분하기 전에 '어떤 것'을 버렸더니 집이 점점 정리되더라는 1초 수납 수강생 H 씨의 에피소드를 소개합니다.

H 씨는 옷이 많은데 버리지 못해 몇 년 동안 고민하고 있었습니다. 이야기를 들어보니, 새집을 설계할 때 수납 공간을 많이 만들었던 것이 예상과 반대되는 결과를 낳았다고 합니다.

넣을 공간이 많으니 수납에는 어려움이 없겠다는 이상한 자신감이 생겼습니다. 옷은 의자 위에 수북이 쌓아두고 빈 방에는 다 쓰지도 못할 만큼의 세제와 화장지 같은 생활용품과 많은 양의 식품들을 가득 채워 넣었습니다.

집안에 물건이 얼마나 있는지 전혀 파악할 수 없다는 것도 고민 중 하나였습니다.

창고방이 되어버린 방을 깨끗이 치워 초등학교 고학년이 되는 딸의 방으로 만들고 싶었던 H 씨. 마침 이직을 준비하던 시기이기도 해서 시간이 비는 동안에 '이번에야말로 정리에 매진하겠다'고 굳게 결심했습니다.

하지만 혼자서는 도저히 정리할 수 없을 것 같아 누군가의 도움이 필요하다는 생각에 1초 수납 학원에 등록했습니다.

자신에게 완고한 면이 있음을 자각하고 있다는 H 씨에게 저는 "자기만의 고집을 버리는 것이 정리 곰손을 극복하는 지름길입니다"라고 말씀드렸습니다.

H 씨는 '1초 수납'의 개념이 지금까지 본인이 정리하던 방식과 달라 갈등을 느끼는 듯했습니다. 그러면서도 '고집을 버리고 순순히 따라 보자'고 마음먹고 있다는 게 저에게도 느껴졌습니다. 그러던 어느 무렵부터 H 씨의 표정이 변하기 시작했습니다.

수십 년 동안 버리지 못한 옷들을 정리하고, 바라던 대로 딸의 방을 만들어 내는 데 성공한 것입니다. 생활용품과 식품의 재고 관리는 가족의 협력이 중요하다는 것을 깨달은 H 씨는 그때까지 어긋나기만 했던 가족과도 소통하기 위해 노력했습니다. 그 후에는 재고 관리도 원활해지는 등 많은 성장을 이뤘습니다.

머리로는 알고 있지만 행동으로 옮기는 게 어려웠고, 뜻대로 정리되지 않아 초조한 날들을 보내던 H 씨는 '1초 수납'을 배운 후에 깨끗이 정리된 환경을 갖게 되었습니다. 또한 정리를 통해 '자신을 소중히 여기는 것'에 대해서도 생각하게 되었습니다.

집을 좋아하게 되니 일상이 편안

집을 다 정리한 후 "집을 좋아하게 됐어요. 이런 생각을 해 본 건 처음이에요."라는 소감을 밝혔습니다. 이직 후 바쁜 하루하루를 보내면서도 편안하고 돌아가고 싶은 집을 자기 손으로 만들어 냈습니다.

이제는 집이 편히 쉴 수 있는 공간이 되어 업무에 집중할 수 있게 되었고, 정리를 통해 습득한 '포용하는 마음'을 업무상의 커뮤니케이션에도 활용하고 있다고 합니다.

정리를 통해 한 단계 성숙한 H 씨, 여유있는 마인드를 가지게 되어 더욱 매력적으로 빛나고 있습니다.

Check List

- 가족에게 정리 방법을 가르치는 것은 자신의 정리 기술 발전에도 도움이 된다
- 필요 이상의 식품을 사들이는 습관을 버리는 것은 정리에도 다이어트에도 효과적이다
- 저축도 정리도 구체적인 목표와 목적을 정한다
- 정돈된 방에서 뇌와 몸을 쉴 수 있어 업무와 집안일 효율이 높아진다
- 정리를 통해 습득한 판단력과 높은 자기 긍정감은 업무에도 도움이 된다
- 자기만의 고집을 버리고 정리해야 최선의 결과를 낳는다

'매일 치우는 습관'이 몸에 배어 자기 긍정감이 높아졌습니다

Data 토모에 씨 / 간토 거주
가족 구성 남편, 딸(중2), 아들 2명(초6, 초3)
집의 종류·평면 단독주택 · 5LDK

아이를 키우느라 바빠서 집안 청소를 미뤄왔던 나

조심해

엄마, 다녀오겠습니다.

아, 나도 나가야겠다!

깨끗이 치우고 싶어서 수납 전문가에게 정리를 의뢰해봤지만

많이 깔끔해 진 것 같아요!!

감사합니다

몇 개월 후면 다시 원래대로……

너저분

왜…

수납책이나 인테리어 책도 읽으며 공부했지만

좀 더 정리해보자

깔끔한 방 정리술

요요현상 없는!

왜 그런지 집을 깨끗이 유지할 수 없었다

정리 잘하는 나로 다시 태어나고 싶다…!

하루하루 자기 긍정감이 떨어지던 중에 로코 선생님의 강좌를 수강하기로 결심

료코 선생님의 강좌에서 새롭게 깨달은 것이 있었습니다
그 후 매일 정해진 시간에 '15분 리셋 정리'를 실천
잔뜩 어질러지면 정리했는데, 매일 해야 되는 구나……
매일 15분, 정해진 시간에 정리하는 습관을!
그런 나를 보더니 딸도 자기 방을 정리하게 되었고
이 공간에 곰인형을 두고 싶어!
이 방에 잘 어울리겠다!
딸은 깨끗해진 자기 방에 애착을 갖게 되었습니다
매일 정리하는 습관이 생긴 나는
일시적으로 물건이 늘어나도 정리 방법을 알고 있으니 괜찮아!
전보다 자기 긍정감이 높아진 것 같습니다

토모에 씨의 방

원래 있던 자리에
갖다 놓는 '리셋 정리'를
매일 루틴처럼 저절로 하게 되어
'해야 하는데'라는
찜찜함이 말끔히
사라졌습니다.

제5장

요요를 부르지 않는 정리법

1초 수납 방식

다이어트도 정리도 실패하지 말자

"치워도 치워도 일주일을 못 가 다시 원상 복귀. 나는 왜 정리가 잘 안 되지?"라고 고민하는 분, 바로 '요요현상'입니다. '다이어트와 정리는 흥미로울 정도로 비슷'합니다.

"귀찮아. 오늘은 치우고 싶지 않아."를 반복하는 것은 자신에게 의지력이 없기 때문이라고 생각하시나요? 다이어트도 똑같지요. "또 먹어 버렸다", "또 달리러 나가지 못했다", "나는 역시 의지력이 없나 봐"라며 많은 분이 우울해하실 것입니다.

하지만 안심하세요. 다이어트도 정리도 잘 되지 않는 것은 당신의 의지력이 없기 때문이 아닙니다. **다이어트와 정리는 '의지력'에 기대면 100% 실패합니다.** 이 방정식을 알아두세요. 그러면 무엇을 어떻게 하면 잘 될까요?

그것은 **'무엇을 위해' 정리나 다이어트에 성공하고 싶은가 하는 '명확한 목표'를 세우는 것입니다.**

예를 들면 다음과 같은 것입니다.

- 창업을 했으니 일에 전력을 다할 수 있도록 집 정리로 고민하는 습관과 작별한다.
- 오랜 세월 정리 문제로 힘들어 한 배우자에게 '항상 집 정리를 잘 해 줘서 고마워'라는 말을 듣고 싶고, 배우자가 진심으로 집에서 느긋하게 쉬었으면 좋겠다.
- 필요 없는 물건들로 어질러진 방을 중학생 딸의 방으로 만들어 준다.

명확한 목표와 함께 꼭 필요한 것이 오랫동안 지속할 수 있는 '시스템'입니다. 이 두 가지 조건이 갖추어져야 비로소 다이어트도 정리도 성공합니다.

당신은 정리(다이어트)를 잘하게 되면 어떻게 하고 싶습니까? 또는 어떻게 되고 싶은가요? '깔끔한 집에서 편안하게 살고 싶다'는 정도의 흐릿한 목표로는 안타깝지만 금방 좌절하고 말 것이 뻔합니다. 좀 더 구체적이고 매력적인 '목표'를 세우지 않으면 현실화되기 어렵습니다.

대부분은 이 '시스템' 만들기가 되어 있지 않습니다. 정리를 잘하는 사람은 이 시스템 만들기 능력이 탁월합니다. 여기서 말하는 시스템은 '아주 간단하고, 귀찮지 않고, 그냥 하기만 하면 되는' 것입니다.

시스템이란 정리를 기분 내키는 대로 하지 말고, 이를테면 '매일 15분 리셋 정리를 아침에 가족을 내보낸 후 한다'라는 규칙을 만드는 것입니다. 평소 업무상으로도 규칙을 지켜야 하는데 '가정에서까지 규칙에 얽매이고 싶지 않다'는 사람도 있습니다. 그런 분은 '규칙은 자신을 속박하는 것'이라고 빌리프 노트에 써 놓았을지도 모릅니다.

규칙은 당신을 속박하는 것이 아니라 당신을 편안하고 행복하게 만드는 것이라고 빌리프 노트를 다시 써 보세요.

애초에 '규칙을 만들고 싶지 않다'가 아니라 간단한 규칙을 만들고 만든 규칙을 꾸준히 매일 지켜나가는 것이 중요합니다. 이 말을 하면 '그게 안 돼서 힘들다'는 말들을 합니다(웃음).

완벽주의자들은 '오늘 못했으니 그만둬버리자'는 생각을 하기 쉽지만, 오늘 못했으면 내일, 내일 못하면 모레 하면 됩니다. 1주일에 3일밖에 못했어도 다음 주에 4일 하면 된

다는 식으로 긴 안목을 갖기 바랍니다. **규칙으로 정한 것을 그날 못했더라도 기간을 길게 잡고 그 안에만 처리하면 됩니다.**

완벽주의자는 '잘 안되니 그만두자'는 식으로 모 아니면 도를 선택하기 쉽지만 잘 안되더라도 '그만두지 않아야' 합니다.

이렇게 할 수 있다면 인생이 바뀝니다. '매일 꾸준히 하는 게 서툴기 때문에 정리를 못하는 것이다. 그것이 원인이 되어 넓은 관점에서 보면 인생이 잘 풀리지 않는다'는 사실을 여러분은 마음속으로 어렴풋이 알고 있습니다. 그러므로 당신에게 정리가 정말로 중요하다는 사실을 이해한 후 간단히 실천할 수 있는 일을 규칙으로 만들어 장기적인 관점에서 계속해 나가는 것이 중요합니다.

'어렵고 복잡한 일은 하지 않는다.' 이 점이 굉장히 중요합니다. 매일 양치질을 하듯 당연하게 정리를 습관으로 만드세요.

다이어트에 비유하자면 단 것을 매우 좋아하는 사람이 '오늘부터 단 것은 전부 끊겠다'며 그냥 참는 것. 이것이 '의지력'에 기대는 방식입니다. 이것은 힘들고, 우선 즐겁지가 않습니다. 게다가 참는 데서 오는 반발이 무시무시합니다.

매일 작은 다짐으로 지속가능한 일을 시스템화한다

'시스템'을 따르는 다이어트란 어떤 것일까요? '말린 고구마나 단밤을 준비했다가 단것이 너무 당길 때는 먹어서 자신을 만족시킨다'거나 '이 시간대는 과자를 먹어도 OK. 하지만 18시가 지나면 먹지 않는다'는 식으로 **갑자기 0으로 만들지 말고 점점 단 것과 멀어질 수 있도록 만드는 방식이 시스템화입니다.**

정리도 마찬가지입니다. 정리를 지속하려면 자신에게 맞는 시스템을 만들어야 합니다. 당신에게 딱 맞는 '시스템'만 가지면 최단 루트로 정리의 달인이 될 수 있습니다. 시스템이란 결국 '규칙'입니다.

이를테면 '물건의 정위치를 만드세요'라는 말은 여러 번 보고 들었을 것입니다. 하지만 펜 하나만 보더라도 사람마다 동선이 다르고 정위치도 다릅니다. 누군가에게는 정위치라도 당신에게는 다를 수 있습니다. 또한 그 정위치만이 옳다고 믿는 경우도 있습니다.

수강생 중에 이런 분이 있었습니다. 귀가 후 손을 씻고 식사 준비를 할 때 귀고리를 빼서 주방 카운터에 두는 습관이 있었다고 합니다. 그분이 "주방 한쪽에 귀고리 둘 자리를 만들어도 될까요?"라고 묻더군요.

물론 괜찮습니다. 주방에는 주방용품만 두어야 한다는 법은 없으니까요. 그분은 귀고리는 세면실에 둬야 한다고 생각하고 있었습니다.

하지만 귀고리를 뺀 후 굳이 세면실까지 가져갈 필요는 없겠죠. 무의식적으로 귀고리를 빼놓는 주방에 자리를 만들어 제자리에 갖다 놓기 쉬운 시스템을 만들었습니다. 이 방법이 이 수강생에게는 딱 맞는 것이었습니다.

자신에게 맞는 시스템을 스스로 생각하고 만들어 가는 것이 매우 중요합니다. 어떤 정리책을 읽어도 이런 것은 알려주지 않기 때문입니다.

여러분의 집과 소지품 전체에 이 시스템을 도입하면 정리도 의지력에 기대는 것이 아니라 시스템에 따르게 되어 노력하지 않아도 할 수 있는 것으로 변해 갑니다.

'보통 ○○는 여기에 둔다'거나 '△△는 여기에 수납하면 좋다'는 '일반적'인 방법이 아니라 '나의 경우는 어떨까?'를 생각하게 된다면 당신은 참된 의미에서의 정리 곰손을 졸업할 수 있습니다.

1초 수납 방식

1초 수납이 요요를 부르지 않는 이유

1초 수납법으로 정리법을 마스터하면 왜 요요가 오지 않을까요? 그것은 눈앞의 방을 깨끗하게 만드는 것은 물론이고 '그 사람 자체가 변하는' 것을 중시하기 때문입니다.

대부분의 정리책은 '집을 깨끗하게 만드는' 것을 목표로 하지만 그 사람 자체가 변하지 않는 한, 일시적으로 깨끗이 치워도 집 상태는 다시 원상 복귀됩니다.

정리 방법뿐 아니라 그 사람의 사고방식이나 행동까지 함께 바꾸지 않는 한 임시방편일 뿐입니다. 집만 깨끗이 하는 것으로는 일시적인 땜질에 불과합니다.

'정리는 싫은 것, 못하는 것'이라는 생각을 계속하는 한, 평생 정리 곰손을 면하기 어렵습니다. 하지만 '정리란 즐겁고 초간단한 것. 재미있어서 취미 삼아 하는 것. 스트레스 발산도 되는 것'이라고 빌리프 노트를 바꿔 쓰면 어떨까요?

여기서 중요한 것은 **배운 대로 하는 데서 한 단계 더 나아가 스스로 생각하고 판단할 수 있게 되는 것입니다.**

물건을 버리고 정리할 때 버려야 하는지 말아야 하는지, 어떻게 정리해야 하는지 매번 남에게 물어볼 수도 없고 아무도 대신 해주지 않습니다.

다이어트를 할 때 아무도 대신 뛰어주지 않는 것과 같습니다. 정리 이전의 상태로 되돌아가지 않으려면 자신이 주체적으로 생각하고 판단하는 힘을 기르는 것이 중요합니다.

정리 요요를 막기 위해 오늘부터 실천할 수 있는 것들

정리를 못하는 사람일수록 정리할 물건을 많이 모았다가 한꺼번에 정리하는 경향이 있습니다. 모아서 정리하지 말고 자주 버리고 처분하는 습관을 기르세요.

왜 모으냐고 물으면 "그게 더 합리적이기 때문"이라고 답하는 분이 많습니다.

"모았다가 정리하는 게 손이 덜 가고 합리적이죠."라고 말하는 분도 있지만 **소량씩 정리하지 않으면 나중에 켜켜이 쌓인 많은 양의 물건을 수습하지 못하게 됩니다. 합리성을 너무 중시하면 집을 정리하기 어렵습니다.**

"합리적으로 정리하고 싶습니다"라고 말하는 분은 실제로 정리 속도가 나지 않는 경우가 많습니다. 합리성을 중시하는 생각을 내려놓으면 속도가 빨라집니다.

자주 버리고 정리하는 것을 '귀찮다'고 생각하기 쉽지만 '귀찮다'고 느껴질 때가 바로 '기회!'입니다. **'귀찮다'는 생각이 드는 일은 대부분 지금 당장 하는 것이 좋습니다.**

미루는 습관에 대해 앞에서 말했지만, 귀찮다는 생각에 정리를 미루면 머릿속에서는 줄곧 '저거 해야 하는데'라는 스트레스를 껴안게 됩니다.

정리 이전의 상태로 되돌아가지 않으려면 3장에서 소개했듯이 매일 타이머를 이용해 밖에 나와 있는 물건을 정해진 장소에 꾸준히 되돌려 리셋하는 '15분 리셋 정리'가 효과적입니다.

1년 후, 5년 후, 10년 후에도 깨끗하게 유지하려면

가족이 늘어나고 내 집을 마련하고 또 아이들이 독립해 집을 떠나는 등 라이프 스테이지의 변화에 따라 집도 달라집니다. 그렇게 시간의 변화와 함께 가정환경도 변하지만, 기억해 두었으면 하는 것은 **당신의 몸이 움직이는 동안 '정리는 평생 계속하는 것'이라는 점입니다.**

집을 전체적으로 한 번 정리하고는 "됐어! 이걸로 끝!"이라며 그 후 정리에서 완전히 손을 떼면 순식간에 정리 이전으로 원상 복귀되고 맙니다.

정리는 '매일 꾸준히 계속하는 것'이 관건입니다. 과거의 저도 그랬지만, 지금 정리 문제로 고민하고 있는 당신은 '정리는 참았다가 한계가 왔을 때 모아서 한 방에 하는 것'이라고 생각하고 있을 것입니다.

이 빌리프 노트를 다시 쓰는 것이 중요합니다.

정리는 '링'과 '나선'

'정리는 평생 계속하는 것'임을 강조할 때 '링'과 '나선'의 관계를 들어 설명합니다. 집 전체의 정리를 모두 끝내는 것을 링을 묶는 것이라고 하겠습니다.

링은 요컨대 '고리'를 말하며 2차원적인 것입니다. 반면에 '나선'은 3차원입니다. 링은 한 바퀴를 돌아 '고리'가 생기면 그걸로 끝이지만 '나선'은 두 바퀴 세 바퀴를 돌아 입체적으로 여러 번 고리를 그리면서 상승하는 이미지입니다.

정리를 링으로 간주하고 같은 곳을 계속 빙빙 돌면 발전이 없습니다. 하지만 걸음을 멈추지 않고 계속 가면 나선이 만들어집니다. 첫 번째 바퀴, 두 번째 바퀴, 세 번째 바퀴로 성장함에 따라 정리에 대한 인식이 완전히 바뀝니다.

첫 번째 바퀴에서 버리지 못한 것은 두 번째 바퀴, 세 번째 바퀴에서 '어째서 이걸 버리지 않고 가지고 있을까'라고 생각하게 되고 성장하고 있음을 느끼게 됩니다.

누구나 시간의 변화와 함께 언젠가는 나이를 먹습니다. 아이들이 독립해 나가고 손주가 생기고 이사를 하는 등 변화에 대응하며 살아가는 것입니다. **라이프 스타일과 라이프**

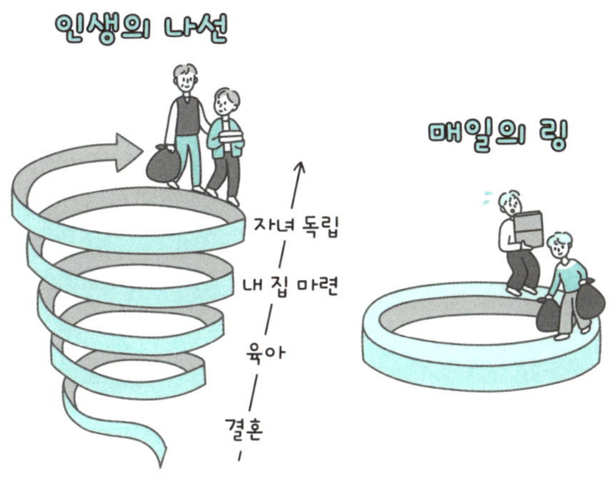

스테이지의 변화에 맞춰 스스로 방법을 찾아가며 걸음을 멈추지 않고 위를 향해 가는 것. 그것이 정리의 본질입니다.

정리를 배우기 시작하는 분들의 첫 번째 고민은 '집 전체의 정리가 끝나지 않는다'는 것, 즉 '링을 묶을 수 없다'는 것입니다. 하지만 학원을 졸업할 무렵이면 '나선 그리기'를 할 수 있게 되므로 졸업한 후에도 정리 요요가 오지 않습니다. 이것이 '성장'입니다.

다만 반복해서 말씀드리지만, 정리에 있어서 절대 가족의 노예가 되지 마세요. '당당한 매니저', '당당한 리더'가 되세요. 가족의 선두에 서서 깃발을 흔들며 가는 역할입니다.

당신이 주체적으로 판단하고 결단을 내리면서 정리해 나가면 가족도 저절로 따라와 줍니다.

'꾸준함이 힘'입니다. 정리를 통해 여러분이 행복해지길 진심으로 바랍니다.

Check List

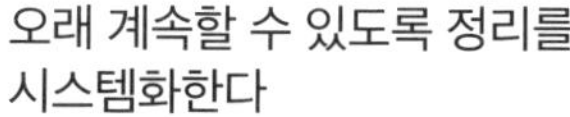

오래 계속할 수 있도록 정리를 시스템화한다

매일 지속할 수 있는 정리 규칙을 스스로 만든다

'정리 = 즐겁고 간단한 것'으로 빌리프 노트를 다시 쓴다

주체성을 가지고 정리한다

쓰레기를 자주 버리는 습관을 들인다

라이프 스테이지와 라이프 스타일에 맞춰 매일 계속할 수 있는 정리법을 스스로 구축해 나간다

물건을 버리는 결단력이 높아지고 정리를 통해 자신을 다시 바라볼 수 있었습니다

Data 나오코 씨 / 간토 거주

가족구성 남편, 아들 2명(대2, 고3), 딸(중1)

집의 종류·평면 단독주택 · 3LDK

당시 병원 근무와 육아로 눈코 뜰 사이 없던 나는

다녀왔습니다. 바로 밥 할게

다녀오셨어요~?

배고파 죽겠어. 밥 언제 돼?

집 정리까지는 손을 쓸 수가 없었습니다

어느 날, 너무 어질러진 방을 보고

문득…

사진을 찍어봤더니

사진을 보니 그야말로 난장판이었습니다

이런 집에 살고 있는 우리 가족도 나도 불쌍해…

허리를 다쳐 퇴직했을 때

다음 직장으로 옮기기 전에 우선 정리부터 해야겠어! 기회는 지금밖에 없어!

시간이 생겨 수강을 결심

강좌에서 물건의 양을 줄일 때

그거 정말 필요한 거예요? 필요해지면 다이소에서 다시 살 수 있어요

잠깐 잠깐

언제 또 가게 될지 모르니 가지고 있자

료코 선생님과 대화하다가
깨닫게 된 것이 있습니다
아, 하지만…
버리면 나중에 '왜 버렸어?' 라든가 이런저런 말을 듣는 것도 싫고……
버린 물건을 전부 배우자에게 보고할 필요는 없어요
나에게 지적을 많이 하는
남편과의 관계가
나는 남편과 옥신각신하기 싫어서
지금까지 물건을 버리지 못한 거구나
물건을 모으는 데 영향을 주고 있었습니다
그때부터 내 의지대로 정리를 계속하자
사용하지 않음
사용
전부 꺼내서 꼭 쓰는 펜만 골라 봐
연필꽂이에 안 들어 갈 정도로 펜이 많아…
매일 습관화할 수 있었고 아이들에게도 가르쳐줄 수
있게 되었습니다
7
이전에는 주말을 전부 정리하는 데 썼지만
지금은 오전 10시쯤까지 끝내는 루틴을 만들었습니다
전부 대충 마쳤으니 차나 한 잔 마실까?
미루는 습관과 서투른 시간 관리… 처음에는 내
안의 싫은 부분을 마주하지 못했지만
이제는 안 되는 부분도 있는
내 자신과 잘 지낼 방법을
찾아보자고 긍정적으로 생
각하게 되었습니다

나오코 씨의 방

풀타임 근무로 매일
일하느라 바빴기 때문에
거실을 어지럽히거나
물건을 방치해 두는 것이
당연했습니다.

지금은 다소 어질러져
있어도 15분~30분이면
정리할 수 있기 때문에
예전처럼 초조해하지
않는다는 점이 큰
변화입니다

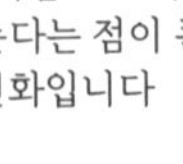

꾸준함이 힘입니다

사실 저희 부모님은 정리를 잘하는 분들입니다.

그래서 아버지와 어머니에게는 '정리를 못하는 내가 적지 않은 스트레스였겠구나'라고 저도 사춘기 딸을 둔 부모가 되어서야 비로소 느끼고 있습니다.

물론 어릴 때는 매일같이 정리하라는 주의를 받았지만, 사춘기 이후부터 부모님은 저에게 일절 잔소리를 하지 않았습니다.

이제는 압니다. '앞으로는 스스로 책임지고 하라'고 저에게 맡겨주셨다는 것을요.

스스로 정리 곰손을 극복하는데 30년도 넘게 걸렸지만 그것도 제 인생이지요. 위태로운 모습을 지켜봐 주시고 제 발로 걷게 해주신 것에 진심으로 감사하고 있습니다. 덕분에 '1초 수납'이 세상에 나오게 되었습니다.

이 책의 출판을 위해 정말 많은 분들이 도와주셨습니다.

"료코 씨의 이 책은 많은 사람을 격려하고 건강하게 만드는 책입니다!"라며 자연스럽게 리드해 주신 Clover 출판 에비나 이쿠미 씨

저의 넘쳐나는 생각과 샘솟는 열정을 갈무리해 읽기 쉽게 정리해 주신 가와사키 아유미 씨.

1초 수납의 프로듀서인 다나카 유이치 씨, 운노 카즈야 씨. 저와 함께 1초 수납을 다양한 방식으로 전파하고 있는 하라사와 다카코 씨, 기쿠치 히사코 씨, 사이토 나오코 씨, 노무라 에리 씨, 와키야 토모에 씨.

그리고 1초 수납 동아리 '시스터' 여러분.

항상 믿고 조용히 응원해주는 남편.

그리고 1초 수납을 만든 계기가 된 딸.

"네가 행복하길 바란다."는 엄마의 작은 마음이 시작이었습니다.

그때와 다름없이 항상 당신의 행복을 기원합니다.

당신답게 반짝이는 인생을 살아가세요.

마지막으로 1초 수납 학원 졸업식에서 제가 항상 드리는

말씀이 있습니다.

"행복하세요."

"꾸준함이 힘입니다."

이 말을 당신에게도 전합니다.

이 책을 쓰면서 1초 수납 학원 수강생들의 지난 궤적을 돌아보았습니다. 용기를 내어 바뀌고자 노력하는 모습, 잘 안 되더라도 포기하지 않는 모습, 좌절할 듯 하다가도 함께 하는 '시스터'의 도움을 받아 다시 활기차게 정리에 임하는 모습, 그런 건강한 자세가 정말 훌륭하다고 새삼 생각했습니다.

당신도 정리를 계기로 늘 풍요로운 인생 길을 걷기를 응원합니다.

1초 수납

1쇄 펴낸날 2026년 2월 5일

지은이 나카타 료코
옮긴이 박승희
펴낸이 정원정, 김자영
디자인 이유진

펴낸곳 즐거운상상
주소 서울시 중구 충무로 13 엘크루메트로시티 1811호
전화 02-706-9452
팩스 02-706-9458
전자우편 happydreampub@naver.com
인스타그램 @happywitches
출판등록 2001년 5월 7일
인쇄 현대문예

ISBN 979-11-5536-244-0(13590)